POESÍA LÍRICA
Y
CANCIONERO MUSICAL

clásicos Castalia

JUAN DEL ENCINA

POESÍA LÍRICA
Y
CANCIONERO MUSICAL

Edición,
introducción y notas
de
R. O. JONES y CAROLYN R. LEE

clásicos *castalia*

Madrid

SUMARIO

INTRODUCCIÓN
BIOGRÁFICA Y CRÍTICA

I

El proyecto de reunir por vez primera entre dos cubiertas la poesía lírica y la música de Juan del Encina fue concebido con varios fines: primero, presentar la personalidad artística de Encina de una manera más completa y equilibrada; segundo, ilustrar los papeles complementarios de la poesía y la música alrededor del año 1500; y, por último, dar al lector moderno una vislumbre de los entretenimientos cortesanos en la época de los Reyes Católicos.

La talla de Encina como poeta y como músico ha sido reconocida desde hace mucho tiempo por especialistas en la literatura y en la música independientemente, pero la separación habitual de los dos aspectos de su obra ha retrasado el que se le reconozca como la última gran figura en la larga tradición europea de poetas-músicos.

En la Europa medieval, trovadores, *trouvères* y *minnesänger* crearon la canción de amor cortés combinando habilidades literarias y musicales de alta categoría. La lírica española alcanzó un nivel muy alto en la corte de Alfonso X, el Sabio, rey de Castilla y León, y autor de unas cien canciones del gran repertorio llamado las *Cantigas de Santa María*. El rey don Denis de Portugal, contemporáneo suyo, patrocinaba al juglar gallego Martin Codax, de quien se han conservado algunas cantigas de amigo con sus melodías.

En el siglo XV el Marqués de Santillana alabó a dos poetas-músicos de su época: Jordi de Sant Jordi y Alfonso Álvarez de Villasandino.[1] Villasandino, en particular, gozaba de mucha estima entre sus contemporáneos, como se puede deducir del número de poesías suyas incluidas en el cancionero de Alfonso de Baena, que menciona que Villasandino musicaba sus propias cantigas. La música se ha perdido pero podemos tener la casi completa certeza de que las cantigas de Villasandino, como las de sus antecesores, eran monofónicas: es decir, sólo se escribía la melodía vocal, introduciéndose el acompañamiento instrumental según pedían el gusto y las circunstancias. En España no aparecen canciones corteses concebidas y escritas para tres o cuatro partes (o voces) hasta la segunda mitad del siglo XV. Juan del Encina parece haber sido el primer español que puso sus propias poesías en música polifónica (aunque esto ya lo habían hecho mucho antes otros europeos, tales como Oswald von Wolkenstein y el gran Guillaume de Machaut).

Encina no fue el único poeta-músico de su generación en España. Otro fue Lucas Fernández, contrincante de Encina para el puesto de cantor en la catedral de Salamanca, aunque se ha perdido su música. "Gabriel el músico" y "Badajoz el músico" aparecen entre los poetas del *Cancionero general* de 1511, y hay música de ellos en el *Cancionero musical de Palacio (CMP)*, fuente principal de nuestro conocimiento de la música profana española de la época de los Reyes Católicos. Pero los nombres de Lucas Fernández, de Gabriel y de Badajoz palidecen al lado del de su contemporáneo, Juan del Encina, príncipe de la canción

---

[1] *Prohemio e carta quel marqués de Santillana envió al condestable de Portugal con las obras suyas* en D. Íñigo López de Mendoza, Marqués de Santillana, *Obras*, edición de José Amador de los Ríos (Madrid, 1852), p. 15. A Villasandino se le da el apellido Ilyescas.

española en los últimos años del siglo XV y los primeros del XVI.

I I

Juan del Encina nació en Salamanca el 12 de julio de 1468.[2] Su padre, Juan de Fermoselle, era zapatero y vivía "frontero de las Escuelas" en la que es ahora la Calle de las Mazas. Juan hijo tomó primero el apellido Fermoselle, pero en 1490 se llamaba ya "del Encina", que quizá fuera el apellido de su madre. Juan era uno de siete hijos (quizá más). El padre, aunque es de suponer que era de medios modestos, consiguió lanzar a varios de sus hijos en buenas carreras. Diego de Fermoselle, probablemente el hijo mayor, fue catedrático de música en la Universidad de Salamanca desde 1479 hasta su muerte en 1522. Una de sus composiciones se encuentra en el *CMP*. Miguel de Fermoselle fue sacerdote y capellán de coro en la catedral de Salamanca. No sabemos la profesión de Pedro de Hermosilla (la forma castellanizada de Fermoselle) pero representó a su hermano Juan en varias ocasiones, lo cual sugiere que tenía cierto grado de instrucción. Antonio de Fermoselle llegó a ser procurador. Fue una excepción Francisco de Fermoselle, bordador de oficio, y por lo tanto un "oficial mecánico", pero el que escogiera esa carrera indica, sin duda, que tendría su tanto de talento artístico.

Juan estudió en la Universidad de Salamanca, graduándose en derecho. También se ordenó de menores. Debió de haber estudiado latín bajo Nebrija. Evidentemente recibió una buena educación musical: sin duda su hermano tendría mano en esto. En 1490 llegó

2 Para la biografía de Encina nos basamos en los trabajos biográficos de Cañete, Díaz-Jiménez, Espinosa Maeso, Mitjana y otros que citamos en la bibliografía. La mejor síntesis de la vida de Encina es la que da Cotarelo en el prólogo de la edición facsímile del *Cancionero* de Encina (Real Academia Española, Madrid, 1928).

a ser capellán de coro en la catedral, pero tarde o temprano perdería este puesto por no ordenarse de sacerdote. Entretanto llegó a ser paje de don Gutierre de Toledo, maestrescuela y cancelario de la Universidad, dejando su servicio en 1492 para pasar al de su hermano el Duque de Alba, en Alba de Tormes, donde ocupó el cargo de director de espectáculos con la responsabilidad de proveer obras dramáticas, poesía y música para el entretenimiento de los Duques y su corte. Durante este período se compuso la mayor parte de lo que tenemos de la obra de Encina. Escribió obras dramáticas (que llamó "églogas") para Navidades y otras ocasiones, y poemas ambiciosos tales como *Triunfo de Amor,* dedicado al hijo mayor, don García de Toledo. Y seguramente más canciones de las 61 conservadas.

En sus églogas se transparentan a veces las preocupaciones más íntimas de Encina. A menudo sale un pastor llamado Juan que representa al poeta, y es de suponer que el mismo Encina haría el papel. En la "égloga de las grandes lluvias" de 1498 alude Encina a un suceso que había de repercutir en su carrera futura. Allí se habla de la muerte de "un huerte canticador / de la greja mayor": en prosa, la muerte del cantor de la catedral, a cuyo puesto aspiraba Encina. Aunque esperaba el apoyo del Duque tuvo mucha oposición. Uno de los contrincantes era Lucas Fernández. En la égloga aludida los pastores Antón y Miguellejo discuten el asunto con Juan:

ANTÓN.   Hágante cantor a ti.
             El diabro te lo dará,
             que buenos amos te tienes,
             que cada que vas y vienes
             con ellos muy bien te va.

MIGUELLEJO. No están ya
             sino en la color del paño;
             más querrán cualquier estraño
             que no a ti que sos d'allá.

RODRIGACHO.   Dártelo han si son sesudos
               ....

JUAN.   Miafé, no lo sabes bien:
               muchos hay de mí sañudos.
               Los unos no sé por qué
               y los otros no sé cómo.
               Ningún percundio les tomo
               que nunca lle lo pequé.

MIGUELLEJO.   ¡A la fe!
               Unos dirán que eres loco,
               los otros que vales poco.

JUAN.   Lo que dizen bien lo sé.[3]

Encina no consiguió el puesto. Parece ser que, profundamente disgustado, se decidió desde ese momento a probar fortuna en otra parte. El villancico "Quédate, carillo, adiós" (núm. 123) parece expresar esa decisión.

Volvemos a encontrarle en Roma, pues se expidió en 1500 una bula cediéndole ciertos beneficios en Salamanca. Evidentemente había hallado buena acogida en Roma, quizá por ser español el Papa Alejandro VI. En 1502 el Papa le concedió la ración que intentara conseguir en 1498 y que había pasado a Lucas Fernández. Su hermano Francisco tomó posesión de la ración en nombre de Juan. El cabildo protestó y apeló contra la decisión del Papa, pero parece probable que se fallara a favor de Encina. Y esto no fue todo: en 1501 tuvo una disputa con el cabildo acerca de otro beneficio que reclamaba; y en un poder con fecha de 1502 se mencionan aún más beneficios que reclamaba Encina.

El favor de que gozaba Encina en Roma continuó bajo el sucesor de Alejandro, pues en 1508 le otorgó Julio II el cargo de arcediano de la catedral de Málaga.

---

3 *Églogas completas de Juan del Enzina*, edición de H. López-Morales, 2.ª edición (Madrid, 1968), pp. 190-191.

Su hermano Pedro de Hermosilla tomó posesión del cargo en nombre de Juan en 1509. Encina fue en persona a Málaga en 1510. El cabildo intentó limitar severamente sus derechos por no ser sacerdote, y las relaciones entre Encina y el cabildo debieron de ser tempestuosas por una temporada; pero evidentemente llegó a inspirarles cierto grado de confianza a sus colegas, pues le confiaron varios negocios, incluso el de conseguir en Roma la bula de confirmación del privilegio de la iglesia de Málaga. Con este fin Encina volvió a Roma en 1512, sin duda no a disgusto.

Durante esta estancia en Roma se montó una obra dramática suya, que se supone ser la Égloga de *Plácida y Vitoriano*, [4] en la casa del cardenal valenciano Jaime Serra, arzobispo de Arborea. Una carta escrita el 11 de enero de 1513 por Stazio Gadio al Marqués de Mantua, Francesco Gonzaga, nos permite vislumbrar por un momento precioso el estilo de vida de Encina en Roma. La carta dice en parte: "Jueves, día 6, fiesta de los tres Reyes, el señor Federico (Gonzaga) se ancaminó a la hora 23 a casa del cardenal Arborensis, invitado para una comedia. ... Después de haber cenado entraron todos en una sala en que se había de hacer la representación, con el predicho reverendísimo, teniendo a su derecha al señor Federico, el embajador de España a mano izquierda, y muchos obispos en torno, todos españoles. La sala estaba llena de gente, cuyas dos terceras partes y más eran españoles, y entre ellos había más rameras españolas que hombres italianos; porque la comedia fue recitada en lengua castellana compuesta por Juan de Lencina, el cual intervino para exponer la fuerza y accidentes del amor." [5]

En 1513 Encina volvió a Málaga, de donde le mandó el cabildo a la corte para arreglar ciertos asuntos. Al volver, Encina pidió permiso para regresar a Roma,

---

4 En contra de esta opinión Carolina Michaelis de Vasconcellos (véase Bibliografía) sostuvo que la descripción en la carta de Stazio Gadio apunta más bien a la égloga décima.
5 Citamos por la traducción de Cotarelo, ed. cit., p. 16.

y allí fue en 1514 a pesar de la oposición del cabildo; y al amenazarle el cabildo con privarle de parte de su beneficio, obtuvo Encina del Papa León X ciertas bulas prohibiendo todo intento de mermar sus derechos mientras estaba fuera de su diócesis. En 1516 volvió a Málaga otra vez, de donde le hizo venir a Valladolid su obispo, que era entonces capellán de la reina doña Juana, para tratar de asuntos que nos son desconocidos. Aprovechó la ocasión Encina para tramitar ciertos negocios de parte de su cabildo. De vuelta en Málaga en 1517, dio relación del viaje al cabildo el 27 de mayo. En la misma ocasión anunció que había sido nombrado subcolector de expolios de la Cámara apostólica. Pronto le mandaron otra vez a la corte en otro viaje de negocios capitulares, del que dio relación al cabildo el 12 de septiembre de 1517. Parece haber partido de Málaga muy pronto después, pues en 1518 obtuvo una bula autorizándole a cambiar su arcedianazgo por un beneficio sobre la iglesia de Morón.

En 1519 Encina se ordenó de sacerdote por fin. Parece claro que había experimentado un cambio espiritual muy profundo. En la *Tribagia* habla con profundo sentimiento de la vida frívola y mundana que hasta entonces había llevado. Había cumplido cincuenta años: sin duda esto hizo que la vida se le presentara bajo un aspecto más serio. Para marcar el cambio, se decidió a ir en romería a la Tierra Santa y cantar su primera misa en Jerusalén. Partió por tanto de Roma en la primavera de 1519, y el 1 de julio se embarcó en Venecia, junto con don Fadrique Enríquez de Ribera, Marqués de Tarifa. Hicieron juntos el viaje entero, y se publicaron juntas sus narraciones. La *Tribagia* respira devoción en cada verso. Como poesía es bien mediocre, pero como documento humano es interesante y hasta conmovedora.

Se embarcaron para la vuelta Encina y sus compañeros el 17 de agosto, y llegaron a Venecia dos meses más tarde. Antes de emprender Encina la romería,

León X le había nombrado Prior de la catedral leonesa. En noviembre de 1523 residía ya en León. En todos sus años de viaje y de intriga Roma había sido su verdadero centro. Le salieron del corazón aquellos versos "Yo me torné para Roma / donde me plaze el vivir". [6] Quizá Roma había perdido algo del encanto que tenía para él con la muerte de León X en 1521 y con la elección de Adriano VI, hombre de carácter más severo. Sea como sea, aparte de una ausencia breve en 1525, Encina parece haber permanecido en León hasta su muerte, que debió ocurrir muy a finales de 1529 o a principios de 1530, pues se presentó su testamento el 14 de enero de 1530, y para el 10 de ese mes ya se había cedido el puesto de Prior a otro.

Se trasladaron los restos de Encina a Salamanca en 1534 y fueron enterrados debajo del coro de la catedral. Una nota en el libro de cuentas para el año 1534 reza: "Sepulturas. De la abertura de la sepultura en que se enterró el Prior de León, debaxo del coro, 500 mrs".

Aun del resumen más escueto de la vida de Encina se desprende que era muy ambicioso, con sus ribetes de intrigante. Los muchos favores que consiguió de tres Papas le envolvieron en disputas y disensiones, y sin duda se hizo muchos enemigos. Sin embargo, es claro que tenía don de gentes y acabaría inspirando confianza en su capacidad, a juzgar por las veces que el cabildo de Málaga le confiara sus negocios. Podemos adivinar que era hombre enérgico con una fuerte personalidad que impresionaba mucho a los demás. Es evidente que era muy mundano —por lo menos hasta 1519. Le gustaban las mujeres. A ellas fueron dedicadas sus mejores poesías. Es posible que hayan sido ejercicios puramente convencionales: es imposible juzgar su sinceridad; lo único que se puede decir es

---

6 Son los versos 461-462 del "Romance y suma de todo el viaje" que concluye la *Tribagia* de Encina.

que en muchos casos tienen toda la apariencia de ser poesías de amor. Algunas de ellas son acrósticos que deletrean el nombre de la dama: BARBOLA en "A su amiga porque se desposó" y en "A su amiga en tiempo de Cuaresma"; YSABEL en "A una señora de quien se enamoró estando muy apartado de amores y metido en devoción"; LEONOR en "En nombre de un galán a su amiga" (el galán sería el mismo Encina) y otra vez en nuestro núm. 59; MADELENA en el núm. 48; FRANCYSCA en el núm. 75; y MONTESYNA en el núm. 77.[7] Es posible, claro está, que estas poesías formaran parte del galanteo formalizado que hacía un papel tan importante en los círculos cortesanos. No se puede decir otro tanto de la "Justa de amores ... a una donzella que mucho le penava, la cual de su pena quiso dolerse". En una serie de metáforas de fácil interpretación Encina ruega a la doncella que se prepare para el encuentro amoroso.

> Esta justa puede ser
> de noche y aun es mejor,
> que de día con calor
> no nos podremos valer.
> Por esso mandad poner
> a mis servicios la tela
> en lugar donde candela
> no hayamos menester
> y allí veréis mi poder.

> De mucha merced os pido

7   Esto ya lo notó Eugenio Asensio en su libro *Poética y realidad en el cancionero peninsular de la Edad Media* (Madrid, 1957), p. 164. Es oportuno mencionar aquí que aún hay más acrósticos en los que Encina esconde su propio nombre: en el "Triunfo de amor", JUAN DEL ENCYNA ME TROBO; ENCYNA en las "Coplas que envió una señora a uno que mucho quería porque en tiempo de pestilencia huyó quedando ella herida" y en la "Respuesta" a las mismas; YVAN DEL ENCYNA en el "Testamento de amores"; BARBOLA JUAN DEL ENCYNA en "A su amiga en tiempo de cuaresma"; ENCYNA al revés en nuestro núm. 80; JUAN DEL ENCYNA ME TROBO en nuestro núm. 84. Todo esto lo damos a título de curiosidad, pero para un ejemplo muy significativo véase nuestro núm. 53.

> que miréis que esté bien puesta
> en campollano sin cuesta
> do se gane lo servido.
> Que de mi dolor crecido
> la tela será remedio,
> mas devéis' mirar en medio
> no tenga nada rompido
> porque no vaya perdido.[8]

Desde luego, sería peligroso hacer biografía de tales cosas, sin embargo este poema no lo escribió un hombre al que no le interesaban las mujeres. La carta a Francesco Gonzaga nos enseña el ambiente en que se movía Encina en Roma. En la *Tribagia* expresa su contrición por la vida que llevara hasta entonces.

> El alma, que havía de ser la señora
> del cuerpo y la vida y más todo el resto,
> a mil servidumbres se sujetó presto,
> siguiendo apetito de su servidora.
> La voluntad libre, del vicio amadora,
> muy puesta en arbitrio, de su voluntad
> se hizo sujeta de sensualidad,
> andando en lascivia y en vicio cada hora.
>
> El entendimiento, criado a entender,
> asaz entendiendo lo bueno y lo malo,
> teniendo del alma el mando y el palo,
> también de lascivia se dexó prender.
> Y siendo inteleto, no quiso atender
> a amar y servir a su criador
> por darse a los vicios y al falso de amor,
> así que del todo se vino a perder.

169-184

Por mucho que se disminuyeran sus apetitos carnales y sus ambiciones más mundanas, le quedaba todavía una ambición: la de dejar su monumento literario en la forma de una edición de sus obras completas. La

---

[8] *Cancionero*, ed. cit., f. 1xxxii.

anuncia en la *Tribagia,* que lanza al mundo con la promesa:

> Y porque ya el pueblo de mí nuevas haya,
> Viaje, sus, anda, tú sé precursor
> del advenimiento de aquella labor
> de todas mis obras, que ya están a raya.
>
> 69-72

Pero nunca apareció esa edición completa. Quizá le siguieran ocupando sus intrigas; o quizá perdiera el gusto por la poesía; o quizá no consiguiera interesar a un impresor; porque podemos sospechar que, a pesar de la gran popularidad de que había gozado, ya iba declinando su estrella y que los lectores de poesía buscaban algo distinto. O por lo menos la clase de lectores que compraban libros; porque los pliegos sueltos demuestran que Encina seguía gustando a muchos: unas cuantas poesías suyas iban apareciendo en pliegos durante todo el siglo XVI; y dos o tres fueron reimprimiéndose hasta finales del XVII.[9]

III

POESÍA

El *Cancionero* de Encina impreso en Salamanca en 1496 no es sólo la primera colección completa (para su fecha) de la obra de un poeta moderno que se imprimió en España, sino también una de las primeras que se imprimieron en Europa; y era especialmente infrecuente que salieran tales ediciones en vida del poeta. Las obras de Dante y Petrarca salieron en letras de molde poco después de llegar las prensas a Italia; las obras del Policiano se imprimieron en vida suya. Apenas hubo otros casos. El que se imprimiera el *Cancionero* de Encina revela un alto grado

9 Véase R. O. Jones, "Juan del Encina and Posterity".

de confianza en sí mismos de parte de Encina y de su impresor, una confianza que había de verse justificada, pues del libro hubo seis ediciones (Salamanca 1496, Sevilla 1501, Burgos 1505, Salamanca 1507 y 1509, Zaragoza 1516). Si tenemos en cuenta el número de pliegos sueltos en los que aparecían obras de Encina, no es arriesgado decir que durante dos decenios Encina fue el poeta más leído de España.

Su poesía abarca una gama temática bastante ancha, aunque completamente tradicional, pues del espíritu del Renacimiento apenas hay reflejo en la obra poética de Encina. Su "Triunfo de fama" (dedicado a los Reyes Católicos) y "Triunfo de amor" (dedicado a don García de Toledo) son poemas ambiciosos escritos para impresionar a protectores potentes. Escribió una cantidad considerable de poesía religiosa, gran parte de ella poesía "de encargo" compuesta para la dedicación de alguna iglesia nueva u otras ocasiones parecidas. Escribió un lamento por la muerte del príncipe don Juan en 1497. [10] Esta poesía "oficial" (por decirlo así) —mucha de ella en arte mayor— les parecerá hueca y hasta pobre a la mayoría de los lectores modernos. En ella Encina hace alarde de alusiones eruditas y vocabulario culto pero falta la chispa poética vital. Indudablemente debió dolerle profundamente la muerte del joven don Juan, pero la "Tragedia trobada", de la que citaremos la primera estrofa, no deja transparentarse ninguna sensación de dolor verdadero.

> Despierta, despierta tus fuerzas, Pegaso,
> tú que llevavas a Belerofonte,
> llévame a ver aquel alto monte,
> muéstrame el agua mejor de Parnaso
> do cobre el aliento de Homero y de Naso
> y el flato de Maro y estilo de Aneo
> y pueda alcançar favor sofocleo
> contando en España muy mísero caso.

---

[10] Aparte de expresar en este poema un dolor auténtico sentido por él y muchos de sus contemporáneos, Encina sin duda lamentaba también la pérdida de un posible patrono.

Encina se luce más en sus traducciones de las Bucólicas de Virgilio, dedicadas a los Reyes Católicos y al príncipe don Juan, y adaptadas ingeniosamente para hacer que se refieran a hechos contemporáneos. También mostró su talento Encina en sus famosos "Almoneda", "Disparates" y "Juicio", tres alardes de invención disparatada que se hicieron tan célebres que se hablaba de "los disparates de Juan del Encina" como dicho proverbial cuando apenas quedaba memoria del resto de su obra.[11]

Sin duda alguna Encina estaba muy orgulloso de su poesía "monumental", pero para nosotros sus lectores modernos es evidente que su verdadero talento era para la poesía lírica en arte menor. Algunos de los villancicos y canciones de Encina se pueden contar entre la poesía más delicada escrita en España en aquella época.

Todo análisis de la poesía de Encina debería tomar su "Arte de poesía castellana"[12] como punto de partida, pues aquí el poeta nos presenta el concepto que tenían de la poesía él y sus contemporáneos, y además nos permite entrever la opinión que tenía de sí como poeta.

Para Encina, la poesía castellana de su día estaba ya en su apogeo. Escribiendo en justificación de su "Arte" en la dedicación al príncipe don Juan, Encina echa mano de razones análogas a las que dio Nebrija al publicar su gramática de la lengua castellana: "porque según dize el dotíssimo maestro Antonio de Lebrixa, ... una de las causas que le movieron a hazer arte de romance fue que creía nuestra lengua estar agora más empinada y polida que jamás estuvo, de donde más se podía temer el decendimiento que la subida; y assí yo por esta mesma razón creyendo nunca

---

11 Véanse mi artículo ya citado, "Juan del Encina and Posterity", y el de Herman Iventosch, "Quevedo and the defense of the slandered", *Hispanic Review*, XXX (1962), 94-115.

12 *Cancionero*, ed. cit., fols. iiʳ-viᵛ.

haver estado tan puesta en la cumbre nuestra poesía
y manera de trobar, parecióme ser cosa muy provecho-
sa ponerla en arte y encerrarla debaxo de ciertas leyes
y reglas porque ninguna antigüedad de tiempos le pueda traer olvido." Y de su breve historia de la poesía
se desprende que, para Encina, Castilla superaba en
poesía no sólo a su propio pasado sino a las demás naciones: "Assí que concluyamos luego el trobar haver
cobrado sus fuerças en Italia y de allí esparzídolas por
nuestra España, adonde creo que ya florece más que
en otra ninguna parte" (Capítulo i).

El orgullo de Encina al estar asociado con la que le
parecía una edad dorada de la poesía se hace mani-
fiesto en el tono del "Arte". Distingue además entre
poeta y *trobador* de una manera que acrecienta su
propia autoridad. "Según es común uso de hablar en
nuestra lengua, al trobador llaman poeta y al poeta
trobador, ora guarde la ley de los metros, ora no. Mas
a mí me parece que cuanta diferencia hay entre músico y cantor, entre geómetra y pedrero, tanta deve haver
entre poeta y trobador" (Cap. iii). El poeta es maestro
del arte de la versificación: "el poeta contempla en
los géneros de los versos, y de cuántos pies consta cada
verso, y el pie de cuántas sílabas..." La conciencia de
Encina de su alta categoría —porque, claro está, el que
compone un "Arte de poesía" a la fuerza es poeta— se
manifiesta en cada renglón, como cuando escribe:
"Assí que cuanta diferencia hay de señor a esclavo, de
capitán a hombre de armas sujeto a su capitanía, tanta
a mi ver hay de trobador a poeta" (aunque al fin tiene
que confesar que en el uso común los dos términos
se confunden).

La importancia que da Encina a la técnica es un re-
cordatorio valioso de que nos las habemos aquí con un
poeta para quien la poesía era un arte, casi un oficio,
que había que aprender (aunque por cierto hacía falta
ingenio para ser buen poeta). Las definiciones que da
Encina de las formas poéticas y de los adornos retóricos de los que podía echar mano el poeta nos son por

lo tanto de suma importancia al intentar comprender
su obra. Citaremos por extenso lo que dice de los adornos retóricos.

> Hay una gala de trobar que se llama encadenado, que
> en el consonante que acaba el un pie, [13] en aquel co-
> miença el otro, assí como una copla que dice "Soy con-
> tento ser cativo / cativo en vuestro poder / poder dicho-
> so ser bivo / bivo con mi mal esquivo / esquivo no de
> querer", etc. Hay otra gala de trobar que se llama re-
> trocado, que es cuando las razones se retruecan como
> una copla que dice "Contentaros y serviros / serviros y
> contentaros", etc. Hay otra gala que se dice redoblado,
> que es cuando se redoblan las palabras, assí como una
> canción que dice "No quiero querer querer / sin sentir
> sentir sentir / por poder poder saber", etc. Hay otra gala
> que se llama multiplicado, que es cuando en un pie van
> muchos consonantes, assí como en una copla que dice
> "Dessear gozar amar / con amor dolor temor", etc. Hay
> otra gala de trobar que llamamos reiterado, que es tor-
> nar cada pie sobre una palabra, assí como una copla
> que dice "Mirad cuán mal lo miráis / mirad cuán pe-
> nado bivo / mirad cuánto mal recibo", etc. Estas y
> otras muchas galas hay en nuestro castellano trobar,
> mas no las devemos usar muy a menudo, que el gui-
> sado con mucha miel no es bueno sin algún sabor de
> vinagre. (Capítulo viii.)

A estas galas hay que añadir dos que Encina no
menciona pero que son de gran importancia en su
poesía, como en toda la poesía de su época: *annominatio* y antítesis. *Annominatio* es la repetición de una
palabra o de las varias formas (adjetival, verbal, etc.)
de una palabra, como por ejemplo en el núm. 20:

> Muchas vezes he *acordado*
> de olvidar a vos, mi dios,
> y en *acordar*me de vos
> hállome *desacordado*.

---

13 Aquí *pie* = verso.

El núm. 63 nos da un buen ejemplo de antítesis:

> Mucho *gana* el qu'es *perdido*
> por merecer tan crecido,
> y es *vitoria* ser *vencido*
> sin jamás poder venceros.

El efecto de estos recursos retóricos puede ser desconcertante para el lector moderno, influenciado todavía en muchos casos por el ideal romántico de la espontaneidad, o reconciliado a su ausencia en (por ejemplo) la poesía del Siglo de Oro por las profusas imágenes que, pareciendo reflejar la naturaleza, dan un aire de naturalidad a poesía del mayor artificio. La poesía que escribían los poetas de la generación de Encina era por la mayor parte rigurosamente conceptual, y su efecto dependía por tanto de figuras retóricas como las arriba mencionadas. A pesar de que muchos aficionados de la poesía española, juzgando por los ejemplos más antologizados, han llegado a considerar a Encina como autor de poesía más o menos sencilla de tipo "popular", fue en realidad poeta tan artificioso como cualquiera de sus contemporáneos, como se comprobará en cada página de su *Cancionero*. El uso insistente que hace de sus "galas de trobar" en ciertas poesías crea tales dificultades de comprensión que no es poco razonable sospechar que de medio expresivo el artificio se ha convertido en fin. El uso de *redoblado* en el núm. 24, por ejemplo, es de una dificultad perversa. Extremando la ingeniosidad, se puede imponer cierta interpretación a los versos, pero quizá sea un esfuerzo supererogatorio. Es bien posible que para Encina fuera un alarde de pura técnica, y que él y su público se contentaran a veces con acrobacias verbales que carecieran casi completamente de sentido.

La poesía lírica de Encina se compone de las formas "cantables" *romance, canción* y *villancico*. Los romances de Encina están escritos en octosílabos con consonancia en los versos impares. La canción y el villancico pertenecen a la familia europea de poesía de forma fija;[14] es decir, poesías en las que un refrán inicial (el estribillo) se glosa en una o más coplas en cuyos versos finales se repiten o los versos o las rimas del estribillo. Son poesías de arte menor, y generalmente se componen de octosílabos. El término "villancico" aparece por primera vez en el siglo xv, designando una poesía de forma fija escrita en estilo popular o rústico. Antes de finales de siglo el villancico ya no se distinguía de la canción en cuanto a estilo —menos en el caso de los *villancicos pastoriles* de Encina. En su "Arte" el mismo Encina hace una distinción puramente formal. (Nótese que en lo que sigue Encina está hablando del estribillo, no de las coplas que componen el resto de la poesía.)

> Según ya deximos arriba devemos mirar que de los pies se hazen los versos y coplas … . Muchas vezes vemos que algunos hazen sólo un pie … y aquél suélese llamar mote. Y si tiene dos pies llamámosle también mote o villancico o letra de alguna invención por la mayor parte. Si tiene tres pies enteros o el uno quebrado también será villancico o letra de invención. … Y si es de cuatro pies puede ser canción y ya se puede llamar copla … y de cinco pies también hay canciones y de seis … (Capítulo vii).

La poesía de Encina concuerda con esto: no hay villancico con estribillo de más de tres versos (con la excepción del núm. 53, "O castillo de Montanges") y no hay canción con estribillo de menos de cuatro.

De manera que se puede dar una definición más rigurosa del villancico y de la canción. Ambas formas se componen de un estribillo seguido de una o más coplas: una en el caso de la canción, más en el caso del villancico. Cada copla se compone de dos *mudanzas* que constan por lo general de dos versos cada una

---

14 Véase J. Romeu Figueras, *Cancionero musical de Palacio*, capítulo XIV, pp. 129-135.

y que forman una unidad rimada.[15] A las mudanzas les sigue la *vuelta,* que repite (de ahí *vuelta*) algunas de las rimas (o todas ellas) del estribillo. En la canción, que tiene un estribillo de cuatro versos o más, la correspondencia entre las rimas del estribillo y las de la vuelta es completa: es decir, la canción tiene un esquema simétrico. En el villancico, que tiene un estribillo de dos o tres versos, la correspondencia entre las rimas del estribillo y las de la vuelta es incompleta, limitándose a las rimas de los últimos dos versos: se dice por tanto que el villancico tiene un esquema asimétrico.

Esto significa que en las canciones de Encina las coplas tienen el doble del número de versos que el estribillo, cuyas rimas (y muchas veces los versos mismos) se repiten en la vuelta. Éste es un ejemplo típico (número 16): ABBAA cddccabbAA. En el villancico, se repite sólo la rima de los últimos dos versos. Éste es un ejemplo típico (núm. 56): ABB cdcdbBB. Tenemos un variante en el núm. 57: ABB cdcddbB. También hay zéjeles (núms. 63, 65, 70, 78, 79), en los que el esquema es AA bbba ccca, etc.[16]

La temática de la poesía lírica de Encina no es amplia. Hay cierto número de poesías de tema religioso o moral, unas cuantas de tema patriótico o histórico, y un grupo pequeño de poesías satíricas o burlescas; pero el tema preponderante es el amoroso.

Las poesías amorosas pertenecen a aquella tradición a la que se ha dado el nombre de "amor cortés", nombre que todavía nos puede ser útil si al mismo tiempo nos damos cuenta de los peligros que encierra. Basándose en interpretaciones arbitrarias y en pocos o mal

---

[15] Se echará de ver que usamos el término *mudanza* en un sentido no acostumbrado entre historiadores de la literatura, para facilitar el análisis que hacemos abajo de la música correspondiente a varias formas estróficas.

[16] Véase Margit Frenk Alatorre, "El zéjel: ¿forma popular castellana?", *Studia Iberica. Festschrift für Hans Flasche,* ed. K.-H. Körner & K. Rühl (Berna-Munich, 1973).

elegidos ejemplos, hasta años recientes los eruditos so-
lían definirlo como si se tratara de una doctrina que
se pudiera deslindar de una manera escueta y rigurosa.
El amor cortés se presentaba como un "amar de lejos",
un "estar enamorado del amor", una aspiración a un
amor completamente espiritualizado que nada tenía
que ver con el deseo carnal.[17] Este tipo de interpretación, y el dogmatismo con que lo mantenían varias generaciones de eruditos, han sido minados por estudios
recientes. En su estudio magistral de la lírica medieval,[18] Peter Dronke hasta ha sugerido que el amor
cortés —o lo que llama con amplitud deliberada "la
experiencia cortesana"— es un fenómeno universal y
no sólo una característica de la literatura europea. En
vista de este y otros estudios no es necesario que vol-
vamos a discutir el tema entero aquí.[19] Lo único que
es necesario de momento es hacer constar que no hay
una doctrina fija del amor cortés por la que se pueda
medir el grado de cortesanía de un poeta dado; y defi-
nir lo que entendemos por amor cortés cuando le apli-
camos el término a Encina.

El amor experimentado y descrito por Encina es una
pasión amorosa que es enemiga de la razón y hasta
procura subvertirla. El romance "Mi libertad en sossiego" (núm. 32) nos da un ejemplo:

> Mi libertad en sossiego,
> mi coraçón descuidado,
> sus muros y fortaleza
> amores me la han cercado.
> Razón y seso y cordura,
> que tenía a mi mandado,

    17 Véase, por ejemplo, O. H. Green, *Spain and the Western Tra-
dition*, 2.ª edición, vol. I (University of Wisconsin Press, Madison-
Milwaukee-Londres, 1968), pp. 72-122.
    18 Peter Dronke, *Medieval Latin and the Rise of European Love-
Lyric*, 2 tomos (Oxford, 1965-1966); 2.ª edición, 1968.
    19 Sobre todo en vista del prólogo importante de Keith Whinnom
a su edición de Diego de San Pedro, *Cárcel de Amor*, Clásicos Castalia (Madrid, 1971).

> hizieron trato con ellos:
> malamente me han burlado.

Este amor se convierte en una obsesión que no da al amante ni alivio ni descanso. Sufre tales tormentos que la vida se convierte en un morir viviendo, así que la muerte verdadera sería un alivio, librándole de su sufrimiento. "Es la causa bien amar" (núm. 5) expresa este sentimiento. El romance "Por unos puertos arriba" (núm. 31) presenta el sufrimiento del amante de una forma dramática y vívida.

No obstante, por muy amargas que sean las quejas del amante, considera su sufrimiento como un bien, pues nace de un ser adorado.

> Más quiero morir por veros
> que bivir sin conoceros.
>
> (Núm. 63)

Una de las características centrales de este amor es que el amante se dedica al servicio perpetuo de su dama.

> Y si vos queréis que muera
> la vida no la codicio
> pues en hazeros servicio
> es mi gloria verdadera,
> que la muerte será vida
> si con ella sois servida.
>
> (Núm. 68)

Por ser la constancia del amante análoga a la fe del creyente, la palabra que la expresa es precisamente *fe*. En esta "religión" la amada del poeta se convierte en su dios (no "diosa", término que en este contexto habría sido considerado una metáfora caprichosa y frívola), el centro fijo de su adoración.

> Muchas vezes he acordado
> de olvidar a vos, mi dios,

y en acordarme de vos
hállome desacordado.

(Núm. 20)

El lenguaje de la religión llega por lo tanto a ser el más apropiado para la expresión del amor. Es ésta una característica constante e insistente de toda la literatura europea del amor cortés, no menos en España, donde abundan las letanías de amor —la "Misa de amores" de Juan de Dueñas, el decálogo de amor de Juan Rodríguez del Padrón, los salmos penitenciales de Diego de Valera, etc. Encina no escribe nada parecido a éstos: usa el lenguaje religioso-erótico de manera más parca, más sutil. Se verá su delicadeza característica en un par de ejemplos. En el villancico " Por muy dichoso se tenga" (núm. 50) se lee:

Siendo vos la causadora
de la muerte que yo muero,
¿qué mayor vitoria quiero
que morir por tal señora?

Se alude allí a las palabras de San Pablo, "¿Dónde está, oh muerte, tu aguijón?, ¿dónde, oh sepulcro, tu victoria?" (1 Corintios XV, 55). La alusión es más explícita en "Más vale trocar" (núm. 48):

La muerte es vitoria
do bive afición,
que espera haver gloria
quien sufre passión.

En este ejemplo el amante se presenta como análogo a Jesucristo, el prototipo del amante atormentado, por ser su pasión análoga a la Pasión de Jesucristo. Pero aún hay otra analogía: del mismo modo que Jesucristo, que después de su Pasión entró en la Gloria, el amante espera que como galardón en recompensa de su sufrimiento se le permitirá entrar en otra gloria cuya naturaleza no es difícil de adivinar. Tenemos aquí un ejemplo del eroticismo oculto que hace un

papel importante en la literatura del amor cortés. El
lenguaje de los cancioneros, del mismo modo que todo
sistema de convenciones —verbales o cualesquiera—
es una cifra que cumple descifrar, aunque hay que
guardarse de las interpretaciones doctrinarias o capri-
chosas. En este lenguaje cifrado, "gloria" significa frecuentemente el goce sexual, aunque no menos frecuentemente significa lo que podría significar hoy, la
felicidad del amante correspondido.[20] No se trata de un
sistema rígido. Al procurar evitar los errores de aquellos eruditos de otra generación que definían el amor
cortés en términos de una espiritualidad intransigente,
hay que guardarse de la tentación de ir al otro extre-
mo, como ciertos críticos han dado en hacer. Todo se
presta a una interpretación erótica si se echa el lector
a buscarla con suficiente empeño.[21] Al leer la literatura del amor cortés lo importante no es averiguar a
cuánta interpretación erótica se puede someter una poesía antes de que se nos deshaga entre las manos, sino
encontrar qué grado de interpretación erótica (si es que
hay alguna) nos exige el contexto, la estructura, etc.
Es bien posible que en algún caso tenga una connota-
ción erótica el verbo "conocer" (por ejemplo), pero imponer aquella interpretación sin discriminación reduciría
a la incoherencia tales versos como "Más quiero morir
por veros / que bivir sin conoceros" (número 63).
    El uso del lenguaje religioso para la expresión del
amor profano en España ha sido atribuido a la presencia de judíos y conversos en la Península.[22] En años

---

    20 La palabra gloria mantuvo esta ambigüedad por mucho tiem-
po. Se encuentra en sentido abiertamente erótico en un soneto de
Francisco Terrazas de hacia 1570, "Ay, basas de marfil, vivo edifi-
cio" (véase Gallardo, *Ensayo de una biblioteca española...* I, Madrid,
1863, col. 1007).
    21 Como muestra de la tendencia a que me refiero véase la edi-
ción de la *Cárcel de Amor* arriba citada, p. 34, *n* 48.
    22 Véase María Rosa Lida de Malkiel, "La hipérbole sagrada en
la poesía española del siglo xv", *Revista de Filología Hispánica*, VIII,
1946. Se presenta otro punto de vista en R. O. Jones, "Isabel la Católica y el amor cortés", *Revista de literatura*, XXI, 1962, al que puso
reparos Juan Bautista Avalle-Arce en "Cartagena, poeta del *Cancionero general*", *Boletín de la Real Academia*, XLVII, 1967.

recientes se ha alegado varias veces que venía Encina de cepa conversa;[23] quizá les parecerá a algunos una prueba de ello su uso del lenguaje religioso. Se debe notar, no obstante, que esto es un fenómeno europeo y que los poetas españoles sólo imitaban lo que encontraban en sus modelos franceses o italianos. En todo caso, muchos de los que así escribían eran cristianos viejos (como Jorge Manrique). Dado el hecho de que una proporción tan alta de los hombres más cultivados de la España de los siglos xv y xvi eran de origen converso, hay bien pocas características de la época a las que por una perversión de la lógica no se puede dar la apariencia de ser características de la sicología conversa.

A pesar de la belleza de las mejores poesías de Encina, es innegable que son relativamente triviales muchas de sus poesías amorosas, como también lo son muchas de las poesías de sus contemporáneos. A los poetas de los cancioneros les debemos algunas de las poesías más intensas y más memorables de la literatura española, pero más de un lector se habrá preguntado cómo es que se escribió —y se conservó— tanto verso mediocre. La razón principal es que la poesía formaba parte del ritual de galanteo en la corte y en círculos parecidos. Desde luego, cierta proporción de aquella poesía habrá sido la expresión de un amor verdadero, pero la mayor parte debe de haber sido parte de aquel estilizado ritual galante que apoyaba la ficción que todo corazón noble debe ser esclavo del amor, y que toda dama en la corte era objeto del amor de algún rendido que, atormentado por el desdén, sufría tales penas que le hacían ansiar la muerte. Que esta ficción regía la superficie de la vida cortesana nos lo revelan las poesías escritas en el lenguaje estilizado

---

23 Américo Castro ha hecho alusión a esta hipótesis suya en varios lugares. El libro donde con más insistencia ha expuesto el tema es *La Celestina como contienda literaria* (Madrid, 1968), *passim*. Ha tomado esta hipótesis como punto de partida la Srta. Ana María Rambaldo en un libro interesante (véase Bibliografía).

del amor cortés dirigidas a la reina doña Isabel por ciertos cortesanos suyos.[24] La ficción era tan dominante que incluía a la reina misma. Cabe preguntarse si en realidad es lícito hablar de "ficción" cuando una convención es tan fuerte como para dominar la realidad cotidiana.

Muchos de los estribillos de Encina podrán haber tenido su origen en la poesía popular: por ejemplo "Ojos garços ha la niña", "Montesina era la garça", "Madre lo que no queréis", y otros de este estilo. En su *Cancionero* tres poesías se titulan "Coplas hechas por Juan del Enzina a este ajeno villancico" (números 51, 52, 53). Pero sería una equivocación intentar clasificar los villancicos de Encina en "populares" y "cortesanos", pues a pesar del hecho de que muchos de los estribillos podrían tener un origen folklórico las coplas en casi todos estos casos no tienen nada de estilo popular.

Encina no era poeta que se dirigía a las masas. Explotaba temas "populares" para el entretenimiento de una aristocracia más o menos culta que se divertía con lo aparentemente ingenuo. Esto se ve más claramente en los "villancicos pastoriles" que escribió Encina en aquella dicción mal llamada sayagués que —sea el que sea su origen— Encina y Lucas Fernández legaron a sus sucesores como la convención apropiada para representar el hablar de los pastores.[25]. Encina no se enorgullecía poco de estos villancicos, como se ve en el proemio que dedica a los Duques de Alba en su *Cancionero* cuando explica las razones que le movieron a reunir y publicar sus obras: "Forçáronme también a ello los detratores y maldizientes que publicavan no se estender mi saber sino a cosas pastoriles y de poca autoridad; pues si bien es mirado, no menos ingenio requieren las cosas pastoriles que las otras, mas antes yo creo que más" (fol. vi^v).

---

[24] Véase R. O. Jones, "Isabel la Católica...".
[25] Véase Humberto López-Morales, *Tradición y creación en los orígenes del teatro castellano* (Madrid, 1968), pp. 173-174.

La intención de estos villancicos es cómica, indudablemente, pero no una comicidad grosera o grotesca. Sin duda la figura del pastor era de una intrínseca comicidad para el público al que se dirigía Encina, y en general podemos suponer que Encina compartía aquellos sentimientos; pero su brío y su delicadeza levantan estas poesías muy por encima de meras bufonadas. En "Una amiga tengo, hermano" (núm. 84) la alabanza que hace de su amiga el pastor enamorado raya en muchas ocasiones en lo risible, pero el poeta, hábil timonero, siempre se aparta de escollos peligrosos: pero no demasiado, pues el insistente "Juro a diez, más es la mía" del segundo pastor guarda delante de nosotros la imagen del campesino testarudo y así establece un contrapunto cómico que pone límites a la sentimentalidad potencial del poema. La comicidad equilibrada lograda por Encina con estos medios es admirable. Por ejemplo:

> En somo de las laderas,
> por los valles, por los cerros,
> ándole buscando berros,
> cornezuelos y azederas.
> Sírvole de mil maneras
> por le dar más alegría.
> — Juro a diez, más es la mía.

> Tráyotele tortolillas,
> assisones y abutardas,
> pázaras blancas y pardas,
> cogujadas y abubillas,
> belloritas, maravillas
> y gavanças cada día.
> — Juro a diez, más es la mía.

vv. 102-115

"Ya soy desposado" (núm. 87) es más sencillo. El orgullo ingenuo que muestra Mingo en su riqueza rústica tiene desde luego el fin de divertir al oyente (que contempla tal simplicidad desde un lugar más alto en la sociedad) pero su exuberancia sencilla es alegre más que cómica.

El tema de "Nuevas te trayo, carillo" (núm. 82) es melancólico, por cierto, pero no es un caso de puro patetismo, pues el lenguaje pastoril presta cierto dejo de humorismo irónico al villancico. "Dime Juan por tu salud" (núm. 90) es una versión rústica de la enfermedad de amor, tratada de una manera abiertamente cómica, como en la segunda copla. En todas estas poesías pastoriles, el poeta mira la figura del pastor con benévolo paternalismo.

Huelga decir que Encina fue un gran humorista. Este rasgo caracteriza muchas poesías de su *Cancionero,* por no hablar de sus obras dramáticas, pero en ninguna de ellas se revela su humorismo con gracia más sutil que en el precioso villancico en *lingua franca* (núm. 137) escrito durante o muy poco después de su viaje a Tierra Santa en 1519. El efecto es especialmente brillante en los versos 19-26, en los que Encina capta con gran viveza la parlería apasionada del mócaro ansioso de vender huevos, explicar el valor relativo de varias monedas y comunicar a la vez a cuánto está el cambio internacional de divisas. Es una de las invenciones más ingeniosas de Encina.[26]

El sentido del humor de Encina a veces se expresaba de forma más grosera. Por remilgo, algunos críticos han querido negar a Encina la paternidad de ciertos textos puestos en música por él. Éstos son "Caldero y llave, madona" (núm. 121), "Fata la parte" (número 130), "Cucú" (núm. 112) y "Si habrá en este baldrés" (núm. 117). Los dos primeros son piezas ingeniosas y graciosas de los que probablemente no se avergonzaría Encina. En cambio, "Cucú" y "Si habrá en este baldrés" son textos muy sencillos, casi diríamos rudimentarios, para cuya composición no se requería

---

[26] Véase L. P. Harvey, R. O. Jones y Keith Whinnom, "Lingua franca in a villancico by Encina", *Revue de Littérature Comparée,* 1967, pp. 572-579.

mucho talento, pero no es ésta una razón adecuada para afirmar que no los pudo escribir Encina; aparte de lo cual, el que fue capaz de ponerlos en música fue capaz de componer los textos mismos. De todas formas, el interés de Encina por el tema erótico es bien claro. No sentía remilgos quien escribió la "Justa de amores", ya citada, y "Pedro bien te quiero" (núm. 85).

I V

LA CANCIÓN POLIFÓNICA ESPAÑOLA ANTES DE ENCINA

Encina compuso la mayor parte de su música durante los años que pasó al servicio del Duque de Alba. Desde hacía ya unos veinte años se componían canciones polifónicas en España, y probablemente antes en el reino de Nápoles. La mayoría de los compositores eran españoles, aunque también el flamenco Vrrede y el francés Vincenet musicaron textos castellanos. Los principales compositores españoles de este primer período son Cornago, cantor y capellán en la corte de Nápoles hasta 1470 cuando volvió a España para servir a Fernando de Aragón, y el sevillano Triana, capellán de coro en la catedral de Sevilla por los años 70 y más tarde maestro de capilla en la de Toledo. Cornago está bien representado en un manuscrito napolitano (Montecassino MS 871) de alrededor de 1480, y hay canciones suyas y de Triana en el *Cancionero musical de la Colombina (CMC)*, copiado alrededor de 1490.

Las poesías en castellano musicadas en los años 1460-1490 eran canciones en la mayor parte, aunque también hay villancicos y un romance en el *CMC*. La ingeniosidad conceptual de los textos se refleja en la complejidad de la música. Las canciones, a tres o cuatro voces independientes, están dominadas por la compleja técnica polifónica de la música coetánea francesa, borgoñona e inglesa. En consecuencia, la canción española se distingue apenas en cuanto a estilo musical de las canciones con textos franceses que circulaban por toda la Europa occidental durante aquellos años.

Aunque heredero de esta tradición musical y perfectamente familiarizado con ella, Encina prefirió un estilo más sencillo, alineándose con los cambios fundamentales que se verificaban en la música europea alrededor de 1500.

FORMAS MUSICALES

Todas las composiciones de Encina son canciones estróficas de dos tipos: *villancicos,* que consisten en dos secciones musicales; y *romances,* que consisten en sólo una sección musical.

1. *El villancico.* Bajo el título *Villancicos* en la tábula del *CMP* se registran 48 composiciones de Encina. Se pueden agrupar según su forma poética del siguiente modo.

i) Una poesía con estribillo de cuatro versos, y otras cuatro de forma semejante, que no figuran en la tábula. Todas son de esquema simétrico y en rigor son canciones.

ii) 41 poesías con estribillo de tres versos de las cuales 39 son de esquema asimétrico.

iii) 7 poesías con estribillo de dos versos de las cuales cinco son zéjeles.

Además, una composición con refrán ("Fata la parte") se registra como *estrambote.*

A pesar de la variedad estructural de estos textos, la forma musical básica que se les da es invariable. Esta forma es la del *virelai,* cuya historia se remonta a los albores de la canción europea. La forma se compone de dos secciones musicales cantadas siguiendo el orden A B B A. Tomaremos un ejemplo de cada uno de los grupos i), ii) y iii) para mostrar la correspondencia entre texto y música.

i)

		Texto	Música
Estribillo	Soy contento y vos servida ser penado de tal suerte que por vos quiero la muerte más que no sin vos la vida.	a b b a	A
Mudanza 1	Quiero más por vos tristura siendo vuestro sin mudança	c d	B
Mudanza 2	que plazer sin esperança d'enamorada ventura.	d c	B
Vuelta	No tengáis la fe perdida, pues la tengo yo tan fuerte que por vos quiero la muerte más que no sin vos la vida.	a b b a	A

ii)

Estribillo	—Dezidme pues sospirastes, cavallero, que gozéis, quién es la que más queréis.	a b b	A
Mudanza 1	— Lástima tan lastimera, ¿para qué la preguntáis	c d	B
Mudanza 2	pues que sabéis que me dais mayor mal porque más muera?	d c	B
Vuelta	Quien yo quiero que me quiera vos, señora, lo sabéis: y más no me preguntéis.	c b b	A

iii)

Estribillo	Más quiero morir por veros que bivir sin conoceros.	a a	A

		Texto	Música
Mudanza 1	Es tan fuerte mi esperança	b	B
Mudanza 2	que jamás haze mudança	b	B
Vuelta	{ teniendo tal confiança	b	
	{ de ganarme por quereros.	a	A

Como se verá, la primera sección musical (A) corresponde al estribillo y a la vuelta de cada poesía, y las mudanzas corresponden a la segunda sección (B). En los ejemplos ii) y iii) la vuelta a la primera sección musical ocurre antes de la reaparición de las rimas del estribillo: en estos casos el esquema de las rimas es asimétrico aunque la estructura musical es simétrica. Esta independencia de la forma musical y la poética es una característica normal en los villancicos de Encina y sus contemporáneos.

Forma interna del villancico. El villancico español de la época de Encina es un tipo de *virelai,* forma utilizada con frecuencia en la canción polifónica italiana y francesa de los siglos xiv y xv, y forma normal de la canción polifónica española. Los villancicos de Encina se diferencian de otros tipos de *virelais* polifónicos en un detalle importante, que es que algunas veces la segunda sección musical (B) se deriva directamente de la primera (A). En estos ejemplos se verá cómo Encina se sirve de parte de la música del estribillo (y de la vuelta) para acompañar las mudanzas.

a) Música para las mudanzas compuesta de la primera frase o primeras frases de la música para el estribillo.

	Forma externa	Forma interna
Pedro, bien te quiero }	A	x
maguera vaquero. }		y

	Forma externa	Forma interna
Has tan bien bailado,	B	x
corrido y luchado	B	x
que me has enamorado	} A	x
y de amores muero.		y

b) Música para las mudanzas compuesta de la última frase o últimas frases de la música para el estribillo.

	Forma externa	Forma interna
Todos los bienes del mundo		x
pasan presto y su memoria,	} A	y
salvo la fama y la gloria.		z
El tiempo lleva los unos,		y
a otros fortuna y suerte,	} B	z
y al cabo viene la muerte		y
que no nos dexa ningunos.	} B	z
Todos son bienes fortunos		x
y de muy poca memoria,	} A	y
salvo la fama y la gloria.		z

c) Música para las mudanzas compuesta de una forma abreviada para el estribillo.

	Forma externa	Forma interna
Ay, triste, que vengo		x
vencido de amor	} A	y
maguera pastor.		z
Más sano me fuera		x
no ir al mercado	} B	z
que no que viniera		x
tan aquerenciado:	} B	z
que vengo, cuitado,		x
vencido de amor	} A	y
maguera pastor.		z

La monotonía que parecería una consecuencia inevitable del uso de material musical tan restringido se evita en la mayoría de los casos mediante hábiles variaciones melódicas. Frecuentemente se modifica el principio o el fin de una frase de la música para el estribillo cuando se aplica a las mudanzas. Véase, por ejemplo, "Para verme con ventura" (núm. 51).

Aunque sólo en la cuarta parte de los villancicos de Encina se deriva la música de las mudanzas de la del estribillo, el hecho no deja de ser interesante, pues otros compositores de *virelais* polifónicos lo evitan del todo y buscan en cambio el mayor contraste posible entre A y B, reforzando así el cambio correspondiente de las rimas que ocurre al principio de la copla. A diferencia de ellos, algunas veces Encina disfraza este cambio. Ya hemos hecho constar la falta de correspondencia entre texto y música en la mayoría de los villancicos cuando se vuelve a repetir la sección A; en las piezas donde las secciones A y B tienen además material musical en común se esfuman los linderos entre estribillo, mudanzas y vuelta, produciéndose una forma musical autónoma que poco tiene que ver con la estructura poética.

En conclusión, es interesante ver que las formas internas que hemos descrito se encuentran mucho antes en un repertorio de *virelais* monofónicos, las *Cantigas de Santa María* de Alfonso el Sabio, pero luego desaparecen de la historia por más de doscientos años hasta que vuelven a aparecer en el villancico.

Formas modificadas del villancico. Cinco de las canciones con refrán de Encina no corresponden a la forma sencilla ABBA. Estas excepciones son de dos tipos.

i) Casos en los que hay una frase adicional después de la repetición de B.

Esto ocurre en dos villancicos y en el estrambote. Hay anormalidades en los tres textos: en los villancicos (núms. 3 y 28) hay un verso adicional después de la segunda mudanza que requiere música adicional; y la copla del estrambote acaba de un modo irregular:

	Música
Fata la parte tutt'ogni cal, qu'es morta la muller de micer Cotal.	A
Porque l'hai trovato con un españolo	B
en su casa solo luego l'hai maçato.	B
Lui se l'ha escapato por forsa y por arte.	C

ii) Casos en los que se canta tres veces la sección B.

En el núm. 12 la repetición adicional de la música de la mudanza sigue la rima del texto, evitándose así la falta normal de correspondencia entre texto y música.

	Texto	Música
¡Cucú, cucú, cucucú!	a	x
Guarda no lo seas tú.	a	y
Compadre, debes saber	b	z
que la más buena mujer	b	z
rabia siempre por hoder.	b	z
Harta bien la tuya tú.	a	y

En el núm. 23 se da un caso muy distinto, pues hay una falta completa de correspondencia entre la estructura poética y la musical de la copla. La sección B se canta tres veces y va seguida de la vuelta de la sección A entera y no sólo de su frase final como en el núm. 12.

	Texto	Música
Vuestros amores he, señora,	a	x
vuestros amores he.	b	y
Desd'el día que miraron	c	z
mis ojos vuestra presencia,	d	z
de tal forma se mudaron	c	z
que no consienten ausencia.	d	x
Vuestros amores he.	b	y

Una de las piezas de Encina, "A tal pérdida tan triste" (núm. 49) tiene la apariencia de un villancico incompleto. En el *CMP* hay texto y música sólo del estribillo. Es posible que la única sección musical sirva también para las coplas. El *signum congruentiae* (.ɔ.) colocado al principio de la segunda frase en cada voz parece apoyar esta posibilidad. Si este signo (véase Nota previa, pp. 59-60 indica aquí que se debe aplicar las frases segunda y tercera a las mudanzas, resultaría así una forma equivalente en su estructura interna al grupo b).

Conviene notar que este análisis de la forma del villancico se refiere no sólo a Encina: se dan ejemplos parecidos en la música de algunos contemporáneos suyos representados en el *CMP*.

2. *El romance.* Durante el reinado de los Reyes Católicos empieza a florecer el romance polifónico. Se dice a menudo que el primer ejemplo es "Lealtad, o lealtad", copiado en la única hoja de música que consta en el manuscrito de los *Hechos del Condestable Don Miguel Lucas de Iranzo,* fechado en 1466. Aunque es posible que la música sea coetánea de la crónica, no es menos posible que sea una añadidura posterior. Se registra un romance polifónico en el *CMC,*

pero la primera colección numerosa es la que se encuentra en el *CMP,* que contiene 44, de los cuales siete son de Encina.

La forma musical de los romances de Encina y sus contemporáneos consiste en cuatro frases, con una pausa en el acorde final de cada una. A cada frase corresponde un verso del texto, dividiéndose así el texto en estrofas de cuatro versos cada una. Cada frase es distinta: es decir, no hay repetición de la música dentro de la estrofa. Este ejemplo es típico:

	Texto	Música
Pésame de vos, el conde,	a	w
porque vos mandan matar	b	x
pues el yerro que vos hezistes	c	y
no fue mucho de culpar	b	z
que los yerros por amores	d	w
dinos son de perdonar.	b	x
Yo rogué por vos al rey	e	y
que vos mandase soltar,	b	z
etc.		

Es anómala una de las canciones de Encina que se registra como romance en la tábula del *CMP.* Se trata de "Señora de hermosura" (núm. 9) que combina el texto de una canción con la forma musical del romance. [27] Otro rasgo anormal es que sólo hay una nota de diferencia entre la primera frase y la tercera.

	Texto	Música
Señora de hermosura	a	x
por quien yo espero perderme	b	y
¿qué haré para valerme	b	x'
deste mal que tanto dura?	a	z
Vuestra vista me causó	c	x
un dolor cual no pensáis,	d	y

27 Adoptamos la hábil reconstrucción del texto de J. Romeu Figueras, *op. cit.,* pp. 285-286.

	Texto	Música
que, si no me remediáis,	d	x'
moriré cuitado yo.	c	z
Y si vuestra hermosura	a	x
procura siempre perderme	b	y
no pienso poder valerme	b	x'
deste mal que tanto dura.	a	x'

Sólo se aplican a la música los primeros cuatro versos, los restantes siendo copiados al pie de la pieza. Sería tentadora la hipótesis que en cuanto a la música la pieza es un villancico incompleto, faltándole la sección B, si no se registrara como romance en la tábula, y si no se dividiera la música en cuatro frases bien definidas, cada una de las cuales termina en un acorde coronado por un signo de pausa.

ESTILO MUSICAL DE ENCINA

Como músico, Encina echa vino nuevo en odres viejos. En sus villancicos adopta la forma antigua del *virelai* pero la vivifica con un lenguaje musical nuevo. Rechaza el estilo antiguo de la canción, con su textura inconsútil tejida de líneas melódicas independientes, en favor de una armonía a base de acordes, breves frases bien definidas y ritmos vivos, todo lo cual se ve en los romances tanto como en los villancicos.

Textura. En las cuatro canciones números 1-4 estamos en la misma divisoria entre el estilo antiguo y el nuevo. "Mortal tristura me dieron" (núm. 2) es una canción típica en cuanto al esquema de rimas y es muy conservadora en la sección A de la música en la que el final de cada verso se esfuma en la continua textura musical. La sección B, en cambio, apunta al estilo característico de Encina: en ella, en vez de las largas melodías sincopadas del estribillo, encontramos frases cortas y sencillas que se amoldan a los versos del texto y en las que hay sólo una nota por sílaba.

En la polifonía europea de la época de Encina el *tenor,* con frecuencia una melodía tomada de otra obra, servía como la voz fundamental contra la cual se contrapunteaba la melodía del *tiple,* las otras voces sirviendo para completar la textura armónica. A finales del siglo xv ya se había desarrollado otro modo de componer. Ya no se componían sucesivamente las voces de una pieza sino simultáneamente, de modo que formaban un todo armónico en vez de melodías independientes. Los músicos españoles e italianos de finales de siglo estaban en la vanguardia de este movimiento mediante el cual la armonía tomaba la precedencia sobre el contrapunto.

Al escuchar las canciones de Encina, el oyente recibe la impresión no de melodías con acompañamiento sino de bloques o secciones armónicas sucesivas. Por encantadoras que sean las melodías del *tiple,* pierden su encanto si se cantan por separado, pues se concibieron para formar la capa superior de una textura homogénea y para dar un perfil agradable a la pieza. El cimiento armónico de la pieza es el *contra 2,* que forma la raíz de cada acorde. El *tenor,* habiendo perdido en casi todas las canciones de Encina la importancia estructural que antes tenía, ahora sólo contribuye a la armonía. Son excepcionales "Mortal tristura me dieron" (núm. 2), cuyo *tenor,* como ya notó Robert Stevenson, se forma del *incipit* de un Kyrie español,[28] y "Partir, coraçón, partir" (núm. 5), cuyas dos secciones musicales han sido compuestas a base de una melodía de tenor que quizás Encina haya tomado de una composición ajena.

29 de las canciones de Encina son a tres voces, pero 32 tienen una cuarta voz titulada *contra 1.* Aunque contribuye a la armonía, en muchos casos se puede prescindir de ella sin destruir la coherencia musical de la pieza. Era corriente en el siglo xv que a una

28 Véase Robert Stevenson, *Spanish Music in the Age of Columbus,* pp. 268-269.

pieza originalmente a tres voces se añadiera otra
más tarde por otro compositor si se requería mayor
sonoridad. Quizá sea un ejemplo de esto uno de los villancicos de Encina, "No tienen vado mis males", que
se copió primero en el *CMP* como una pieza a cuatro
voces. Más tarde el copista tachó el *contra 1* y copió
debajo una parte alternativa. En el *CME,* en cambio,
la pieza sólo tiene tres voces, sin *contra 1,* y es posible
que ésta sea la forma original que le haya dado Encina.

Modos. Las canciones de Encina suenan muy modernas, pues su instinto en cuanto a progresión armónica (sobre todo al aproximarse a las cadencias) se in-
clinaba a la que había de llamarse más tarde tonalidad
mayor y menor.

La música medieval y renacentista se componía a
base de seis escalas básicas que se llaman *modos* y
que arrancan respectivamente de *do, re, mi, fa, sol, la,*
y que en su forma pura no contienen bemoles ni sostenidos. Encina muestra una preferencia marcada por el
modo de *la,* equivalente a la moderna escala menor
con el séptimo grado bemolado. En la práctica, la nota
sensible habrá sido sostenida, sobre todo en las cadencias. En muchas ocasiones Encina transporta el modo
de *la,* tomando *sol* como la nota de partida y produ-
ciendo así el efecto de *sol* menor. Los modos de *re* y
mi también hacen el efecto de una escala menor, pues
la nota primera y la tercera forman una tercera menor.
Los llamados "modos menores" se utilizan en 49 de
las canciones de Encina,[29] de las cuales siete son en el
modo de *mi* o modo frigio, usado algunas veces por
otros músicos españoles pero casi desconocido en las
canciones de sus coetáneos franceses e italianos. Encina

---

[29] Modo de *la*: 3, 7, 8, 14, 17, 18, 23, 26, 30, 37, 38 a y b, 46,
48, 54, 55, 59, 61.
Modo de *la* transportado a *re*: 39, 42.
Modo de *la* transportado a *sol*: 4, 5, 6, 11, 24, 32, 45, 49, 57.
Modo de *re*: 9, 15, 19, 20, 22, 25, 29, 31, 33, 40, 47, 50, 56, 58.
Modo de *mi* (frigio): 13, 16, 21, 34, 36, 52, 60.

se aproxima a la tonalidad mayor en doce piezas escritas en los modos de *sol, do* y *fa.*[30]

Ritmo. La inmensa mayoría de los compositores de alrededor del año 1500 prefieren el tiempo binario al ternario. La misma preferencia se nota en Encina y sus compatriotas aunque de forma menos marcada. En el villancico se usa el tiempo ternario con mucha frecuencia, y en algunas ocasiones (aunque pocas) hasta el quintuplo, fenómeno único en la canción renacentista.

35 de las piezas de Encina están escritas en tiempo binario (que se transcribe 2/4),[31] 15 en tiempo ternario simple (= 3/4),[32] tres en tiempo binario compuesto (= 6/8)[33] y dos en tiempo quintuplo (= 5/8).[34] Una pieza (núm. 57) no tiene signatura en el manuscrito, pero tiene un ritmo binario compuesto muy rápido. Otra pieza (núms. 38a y b) se da en tiempo binario compuesto en el *CMP* y en tiempo binario simple en el *CMS.* En cuatro ocasiones Encina hace un contraste entre tiempo binario y ternario dentro de la misma canción.[35]

En general, las piezas de Encina en tiempo binario tienen más flexibilidad rítmica que las escritas en otros ritmos. Aunque fundamentalmente consisten en una sucesión de açordes, las canciones en tiempo binario se avivan generalmente mediante notas ornamentales. Al comienzo de una frase todas las voces suelen andar al mismo compás, y el comienzo de una sección se marca mediante acordes repetidos. Al acercarse una frase a su cadencia, las voces suelen animarse y se hacen más independientes en cuanto al ritmo. Esto

30 Modo de *do:* 51.
Modo de *sol:* 2, 28, 43, 53.
Modo de *fa:* 1, 10, 12, 27, 35, 41, 44.
31 1-9, 11, 14-17, 19, 21, 25, 27, 30, 31, 37, 42, 43, 47-56, 59, 61.
32 10, 20, 22, 24, 26, 29, 32-36, 41, 45, 46, 60.
33 23, 39, 44.
34 13, 58.
35 12, 18, 28, 40.

se puede ver con mucha claridad en el núm. 52. No es
infrecuente que haya más de una nota por sílaba, sobre
todo en la sílaba penúltima de una sección. Las melismas más largas se encuentran en los romances (véase
el núm. 8, compases 21-24, y el núm. 14, compases 10-
15, 27-35).

Algunas de las piezas en tiempo ternario tienen la
variedad rítmica que caracteriza las piezas en tiempo
binario (véanse los núms. 35, 41, 60), pero en la mayoría de ellas —como en las dos piezas en tiempo quintuplo, los núms. 13 y 58— la aplicación del texto es
completamente silábica, y todas las voces andan al mismo compás con un mínimo de notas ornamentales. La
polirritmia realza aún más el animado efecto rítmico
en algunos casos (véanse núm. 48, compases 13-14, y
núm. 20, compases 2-5, 8-9, 17-18).

Expresión.   Como los artistas y poetas de la época,
los compositores renacentistas se expresaban mediante
un código de símbolos, algunos transparentes, otros
más esotéricos, que probablemente siguen siendo peor
comprendidos que las convenciones de las otras artes.
La relación más íntima entre texto y música de la
época renacentista se encuentra en el madrigal italiano
maduro. Las canciones de Encina, compuestas unos
sesenta años antes, pertenecen a otra edad y otra esté-
tica, pero no carecen de expresividad. En ellas, el tiempo elegido corresponde al carácter del texto poético, y
se puede observar que en determinadas ocasiones la
melodía, el ritmo y la textura subrayan el significado
del texto.

Tiempo.   Según Franchinus Gaffurius, teórico de la
música coetáneo de Encina: "En mi opinión se usaba
una variedad de signaturas por los compositores de
antaño para hacer corresponder la música y su movimiento al sentido de los textos".[36] Encina también ele-

---

[36] Franchinus Gaffurius, *Practica Musicae*, traducido por Clement
A. Miller (Nueva York, 1968), pp. 149-150.

gía sus signaturas según el carácter del texto, como se
verá por los siguientes ejemplos.

i) Las poesías escritas en pies poco corrientes (por
lo general versos de seis sílabas) se ponen en música
de tiempo poco corriente. Véanse los núms. 13, 58
(5/8); 38a, 39, 44 (6/8); el núm. 57 carece de signatura.[37]

ii) Los textos pastoriles se ponen por lo general en
música de tiempo ternario: véanse los núms. 24, 32,
33, 34, 35, 36, 41, 45.

iii) Los textos de carácter festivo, burlesco u obsceno van en tiempo ternario o en una combinación de
binario y ternario. Véanse los núms. 12, 18, 20, 22, 28.

iv) La inmensa mayoría de los textos serios (amo-
rosos, morales, sagrados, etc.) van en tiempo binario
simple. En esta categoría se incluyen todos los romances.

La correspondencia entre texto y tiempo se refuerza
por las diferencias de estilo musical ya descritas. En
términos generales, las poesías de carácter serio y re-
finado van en tiempo binario y en un estilo polifónico
sencillo. Los textos jocosos van generalmente en tiempo ternario, o en uno de los tiempos menos corrientes,
y la música está compuesta a base de acordes.

Técnica expresiva. El subjetivismo no es la ambición primaria de Encina, ni como poeta ni como músico, pero sabe comunicar una emoción cuando quiere.
Se verá la gama expresiva de la música de Encina en
los siguientes ejemplos.

En el núm. 20 se comunica la atmósfera festiva mediante acordes sencillos en grupos repetidos vivifica-
dos por la polirritmia. En el núm. 22 se comunica una
atmósfera parecida por medios más variados: ritmos
agitados, contrastes de tiempo, y un diálogo animado
entre las voces.

---

37 Véase arriba, p. 45.

En el núm. 16 el sufrimiento del amante se comunica en la melodía de tiple de la sección B. Un salto de una quinta en los compases 13-14 (salto poco frecuente en medio de una frase), el floreo de semicorcheas en el compás 15, el ritmo agitado de los compases 18-20, y el descenso melódico de una cuarta diminuta *do-sol* sostenido en los compases 20-21: todos ellos expresan el tormento del amante.

El lamento del rey de Granada en el núm. 14 es una de las piezas más conmovedoras. Prestan dignidad a la lamentación los solemnes acordes repetidos y la estructura simétrica de las frases (se equilibran la primera frase y la tercera, la segunda y la cuarta), mientras que el dolor se comunica en las largas melismas que concluyen la segunda frase y la cuarta (compases 11-16, 28-35).

Se da un ejemplo raro de representación plástica en el núm. 7, donde Encina imita el caer de las lágrimas sugerido por la palabra "llorando" mediante figuras descendientes en las dos voces superiores (compases 16-18).

No siempre existe esa relación íntima entre texto y música. En el *CMP* hay una pieza con dos textos distintos: "Si habrá en este baldrés" y "Pues que ya nunca nos veis", el primero obsceno y el segundo expresivo del amor cortés. La música parece más apropiada al primero; probablemente se adaptó al segundo posteriormente. La aplicación de textos nuevos a música ya existente era corriente en el siglo XVI. Otros poetas parecen haberse aprovechado de las canciones de Encina, aun después de su muerte. Por ejemplo, Francisco de Ocaña en su *Cancionero para cantar la noche de Navidad* (Alcalá, 1603) manda que se canten ciertas poesías a la melodía de algunas canciones de Encina (por ejemplo, "Pues que mi triste penar", núm. 26).

Conclusión. El período creador de Encina parece haberse iniciado en 1492. En su resolución y confianza en sí como hombre y como artista, parece una encarnación del espíritu aventurero de su época. Se dio cuenta de que se estaba verificando un cambio en el gusto musical y se puso a explotarlo, pero sin olvidarse de la tradición. En consecuencia su música refleja las nuevas corrientes en el estilo musical europeo, pero sin romper con sus antecedentes medievales.

Encina no escribió música sagrada; dedicó sus talentos exclusivamente a musicar poesía lírica. No consta que haya musicado textos de otros poetas (aunque esto lo decimos con todas las reservas necesarias, dado el hecho de que en 27 casos sólo la música lleva su nombre).

La canción renacentista española no la inauguró Encina, pero fue él quien la estableció sobre cimientos firmes y le dio una identidad bien perfilada. Su importancia histórica se ve en la influencia que tuvo en la música de sus contemporáneos y de los que vinieron inmediatamente después. Sus canciones demuestran una técnica fluida y una gracia que traspasan sus limitaciones de forma y de recursos expresivos. Comprendió el encanto de la sencillez. En consecuencia, el arte de Encina sigue siendo irresistible, aun a través de cinco siglos.

R. O. JONES y CAROLYN R. LEE

NOTA PREVIA

I

La poesía

Hemos incluido toda la poesía lírica de Encina: es decir, todas las poesías en las formas cantables, *romance, canción* y *villancico*. A éstas hemos añadido sus glosas de canciones (núms. 1 y 2), pues, aunque en rigor están al margen de su poesía lírica, hay poesías líricas enterradas en ellas. También incluimos "Eco" (núm. 105), pues aunque Encina nunca habría pensado ponerlo en música sería difícil negar que el poema tiene cualidades que se pueden llamar "líricas" en un sentido más amplio. En cambio, hemos excluido un romance, el "Romance y suma de toda la obra", cuyos 464 versos son un resumen de la *Tribagia*. Algunas de estas decisiones son arbitrarias; esperamos que no parecerán del todo injustificables.

Fuentes de la poesía

1. La fuente primaria es el *Cancionero* de Encina impreso en Salamanca en 1496. De allí proceden nuestros núms. 1-98.
2. El villancico procedente del *Auto del repelón* (núm. 100) lo tomamos de la edición del *Cancionero* de Salamanca, 1509.

3. Los villancicos de *Cristino y Febea* y *Plácida y Vitoriano* (núms. 99, 101 y 102) proceden de las ediciones sueltas de aquellas obras (véase NOTICIA BIBLIO-GRÁFICA).

4. El romance y el villancico sobre la muerte del príncipe don Juan (núms. 103 y 104) proceden del pliego suelto impreso probablemente en Salamanca en 1497.

5. Nuestros núms. 105-107 son del *Cancionero general* de 1511.

6. Nuestros núms. 108-134 son del *Cancionero musical de Palacio,* que también contiene nuestros números 5, 30, 32, 33, 34, 40, 42, 47, 48, 51, 54, 56, 59, 60, 63, 64, 67, 70, 81-89, 95, 97, 98, 103 y 104. Aparte de las dos ediciones de la música, los textos poéticos del *CMP* han sido publicados en una edición excelente de J. Romeu Figueras (véase NOTICIA BIBLIOGRÁ-FICA). Aunque los textos poéticos del *CMP* son anónimos, cuando la música es de Encina nos parece justificado atribuirle también la poesía (con la excepción del romance "Pésame de vos, el conde"). Hay 61 piezas musicales que llevan el nombre de Encina; de éstas, 33 tienen textos poéticos impresos bajo su nombre en otros lugares: es decir, en el 55 % de los casos el texto (descontando siempre el romance ya mencionado) es auténticamente de nuestro poeta. Además de esto, se puede comprobar con todo rigor que las dos coplas adicionales del villancico "O castillo de Montanges" que aparecen en el *CMP* son de Encina (véase la nota a nuestro núm. 53). Basamos nuestra atribución en estas consideraciones.

7. Nuestros núms. 135-138 proceden del manuscrito 17510 de la colección de Gayangos de la Biblioteca Nacional, Madrid. Para una breve descripción, véase R. O. Jones, "An Encina Manuscript".

8. Las poesías del Apéndice poético proceden del manuscrito Add. MSS 10431 del British Museum, Londres. Para una descripción véase R. O. Jones, "Encina y el *Cancionero* del British Museum". Allí van expuestas

las razones que nos llevan a atribuir estas poesías a Encina.

ORTOGRAFÍA

La edición de 1496 del *Cancionero* de Encina muestra ciertos rasgos ortográficos distintivos: en particular, sigue el uso moderno en cuanto a *v u* intervocálicas, *i j*, y la reducción de ciertos grupos consonantales. Es probable que el mismo Encina cuidara de la impresión, lo que da a esta edición una autoridad superior a la de cualquier otro texto de su obra. Por lo tanto, hemos introducido muy pocos cambios ortográficos en las poesías contenidas en esta edición del *Cancionero,* limitándonos a los casos que enumeramos abajo. La ortografía de las restantes poesías se acomoda a la del *Cancionero* de 1496 (menos cuando en algún manuscrito no se distingue entre *s* y *ss*). Por las razones que damos en la nota a aquella poesía, no hemos retocado la ortografía del núm. 137. Seguimos la versión original en el caso de las poesías que damos en el Apéndice poético.

En nuestro texto introducimos los siguientes cambios que no afectan los valores fonéticos del lenguaje de Encina.

1. Se ha sustituido la *u* consonantal por *v* (*cavallero* en vez de *cauallero*) y la *v* vocálica por *u* (*uno* en vez de *vno*).

2. Distinguimos entre *i j y* según el uso moderno.

3. Añadimos la *h* ortográfica (*haver, hay*), lo cual nos parece justificado en vista del uso del *Cancionero* mismo en el caso de *he, has, ha,* etc.

4. Se han modificado ciertos grupos consonantales: imprimimos *también* (en vez de *tanbién*), *honra* (*onrra*), *enviar* (*embiar*), *mil* (*mill*), etc.

5. Cambiamos *q* en *c* en *quando, qual,* etc.

6. Cambiamos *g* en *j* según el uso moderno en *mujer, ageno,* etc.

7. Mantenemos la distinción entre *s* y *ss* en general, pero en el caso del reflexivo hemos cambiado *ss* en *s* para evitar confusión: por ejemplo, entre *fuese* (reflexivo) y *fuesse* (subjuntivo).

8. Se ha insertado el apóstrofo en *qu'el,* etc.

9. Se ha enmendado la ortografía en un número muy reducido de casos excéntricos: v.g., *albergadura* (por *alvergadura*), *turbar* (por *turvar*), *liga* (por *ligua*), *bravo* (por *brabo*).

10. Se han corregido silenciosamente errores manifiestos.

11. El signo 2 se ha resuelto por *y.*

12. Las pocas añadiduras van entre paréntesis cuadrados.

13. En materia de mayúsculas, puntuación y acentos seguimos el uso moderno.

Nótese que en la sección musical hemos adoptado los mismos criterios ortográficos. También se han corregido errores manifiestos, aunque las variantes se han respetado.

I I

La música

La música de Encina ha sido publicada ya en las ediciones del *CMP* por Barbieri y Anglés, pero ésta es la primera vez que se ha publicado por separado y utilizando todas las fuentes asequibles. Damos en las páginas que siguen todas las 61 canciones cuya música se atribuye a Encina en el *CMP,* y además un apéndice de 10 canciones cuyo texto es de Encina aunque la música es anónima, por parecernos posible y hasta probable que la música de algunas de ellas (quizá de todas) sea de Encina. No se puede resolver la cuestión mediante un análisis del estilo musical de Encina, por carecer éste de rasgos estilísticos que le distingan claramente de sus contemporáneos, pero no deja de

parecernos significativo que a pesar de la gran popularidad de la poesía de Encina sólo se conocen tres
casos seguros de textos poéticos de Encina musicados
por otro compositor,[1] lo cual sugiere que las poesías de
Encina se asociaban casi siempre con música de él.

FUENTES DE LA MÚSICA DE ENCINA

Todas las composiciones de Encina aparecen en el
CMP. De las 61 piezas que allí llevan su nombre, 14
aparecen como anónimas en otros cinco lugares.

1. Segovia, archivo de la catedral, MS musical
(*Cancionero musical de Segovia*: *CMS*).

Este manuscrito, copiado probablemente para el uso
de la capilla de Isabel la Católica, contiene una se-
lección amplia de la música europea de los años alrededor de 1500. Las composiciones de Encina van al
final en una sección titulada "obras castellanas".

f. 208v	Pues que jamas olvidaros
f. 210	Romerico tu que vienes
f. 212v	Ya no quiero tener fe
f. 213v	Ay triste que vengo
f. 216	Ya no quiero ser vaquero
f. 240	Para verme con ventura

2. Florencia, Biblioteca Nazionale, Magl. XIX
107 bis (*Fl*).

Contiene música de compositores que florecieron en
Italia hacia finales del siglo xv. Se añadieron cuatro
canciones españolas, de las cuales tres son de Encina,
en los primeros años del siglo xvi.

f. 57v	Todos los bienes del mundo
f. 58	Tan buen ghanadigho
f. 58v	Caldero et glave madona

---

1 *CMP* f. 29v-30, "Al dolor de mi cuidado", por Gijón (Anglés,
núm. 40). *CMP* f. 66 y *CMS* f. 209, "Por unos puertos arriba", por
Ribera (Anglés, núm. 107). *CMP* f. 204v, "Vencedores son tus ojos",
por Escobar (Anglés, núm. 286).

3. *Frottole* [libro secondo, 1516] (*Frott*): Florencia, Biblioteca Marucelliana.

Impreso italiano sin portada. Contiene siete canciones españolas, de las cuales dos son de Encina.

pág. 24   Los sospiros no sossiegan
pág. 48ᵛ-49   Pues que iamas olvidaros

4. Barcelona, Biblioteca Central, MS 454 *(Cancionero musical de Barcelona: CMB).*

Por la mayor parte este manuscrito contiene música española sagrada de los primeros tres decenios del siglo XVI, pero incluye también 27 canciones profanas, entre las cuales hay una de Encina.

f. 180 bis   Pelayo ten buen esfuerço

5. Elvas, Biblioteca Hortensia, MS 11793 *(Cancionero musical de Elvas: CME).*

Contiene canciones españolas y portuguesas de la primera mitad del siglo XVI. Entre ellas hay cuatro de Encina.

f. 84ᵛ-85   Una amiga tengo hermano
f. 85ᵛ-86   Quien te traxo cavallero
f. 88ᵛ-89   No tienen vado mis males
f. 94ᵛ   Romerico tu que vienes

6. D. B. [D. João IV], *Defensa de la música moderna* (Lisboa, 1649; Venecia, 1666).

En este tratado del rey portugués, célebre por su devoción a la música, se incluye (como anónima) la canción "Pues que jamás olvidaros" como un ejemplo de música antigua digna de estima. La música es la misma que se encuentra en *CMP, CMS* y *Frott,* pero transportada una cuarta más bajo.

NUESTRA TRANSCRIPCIÓN

El *CMP* es forzosamente la versión base por contener todas las canciones atribuidas a Encina. No se registran variantes en las otras fuentes a menos que tengan cierta importancia. Indicamos claramente los pocos casos en los cuales sustituimos la versión del *CMP* por otra. En nuestra transcripción nos hemos propuesto dos fines: dar una idea exacta de cómo aparecen las canciones en el *CMP* y presentarlas a la vez de un modo apropiado para la interpretación. Seguimos los siguientes criterios:

1. Las notas se reducen al cuarto de su valor.

2. Se han conservado los títulos originales de cada voz.

3. Se dan al principio de cada pieza la clave y armaduras originales, y la primera nota de cada voz.

4. Se han respetado armaduras que varían de voz en voz dentro de la misma pieza.

5. Sostenidos y bemoles que no aparecen en las fuentes se colocan encima de la nota. La notación de la música antigua deja muchas veces al intérprete la decisión de si se deben añadir sostenidos y bemoles, y aunque *musica ficta* era variable en la práctica y nuestra comprensión de ella sigue siendo imperfecta, el carácter de la música exigirá de vez en cuando la introducción de accidentales. Nuestras sugestiones son provisorias, hechas con el fin de ayudar al intérprete poco familiarizado con las convenciones y problemas de *musica ficta*.

6. En muchos casos la aplicación del texto poético en el manuscrito es descuidada y se hace necesario algún reajuste para combinar el texto y la música adecuadamente. En casos donde hay que dividir una nota final para acomodar dos sílabas la división se indica en notas pequeñas. En la mayoría de las piezas el texto completo se aplica sólo a la voz superior, con un incípit en las otras voces.

7. Las ligaduras se indican mediante paréntesis cuadrados. Nótese que sólo una sílaba del texto puede aplicarse a una ligadura.

8. La música de Encina se escribe en notas blancas, pero algunas veces se dan breves y semibreves negras. Las notas negras, que señalamos mediante parén-

tesis cuadrados quebrados, se usaban de los siguientes modos:

i) Para indicar un ritmo de puntillo.
ii) Para indicar una nota adicional opcional en el acorde final de una sección.
iii) Para introducir la polirritmia. Véase, por ejemplo, el núm. 26, compases 9-10, 21-22, donde las notas negras indican un cambio a un metro binario.
iv) En el núm. 57, el uso de notas negras hace innecesaria una signatura. No es imposible que tengan también una función simbólica, como se trata de un asesinato.

INTERPRETACIÓN

Los compositores renacentistas dejan muchos detalles al gusto y juicio del intérprete, y por tanto la partitura de las canciones de Encina no es más que un esbozo de la música que representa. Para poder recrear una aproximación a la música que escuchaba el público de Encina hay que darse cuenta de las principales convenciones interpretativas.

Instrumentación. Esto es una cuestión de preferencia personal. En la época de Encina el carácter de una canción, las circunstancias de su interpretación y los recursos de que se disponía influían en el modo de presentarla. Teóricamente, hay muchas maneras distintas de instrumentar una canción.

i) Como canción para una sola voz cantando el tiple con acompañamiento de instrumentos en las otras partes.[2]
ii) Con una voz en cada parte y sin instrumentos.

---

[2] El término normal para cada línea melódica es *voz,* que usamos en la Introducción pero sin querer dar a entender por tanto que cada línea melódica debe cantarse. Para evitar confusiones usaremos *parte* en la NOTA PREVIA.

iii) Con voces en más de una parte (por ejemplo, tiple y tenor) con instrumentos en las otras partes.

iv) Con todas las partes cantadas y tocadas por instrumentos.

v) Como pieza puramente instrumental.

En los manuscritos originales el texto va aplicado sólo al tiple en la mayoría de las canciones, pero en algunos casos va aplicado a todas las partes, sobre todo en el caso de canciones sencillas y homofónicas. Aunque el modo de aplicar el texto en los manuscritos no es decisivo, hay que tomarlo en cuenta. Indicaremos a continuación otros factores que hay que tomar en cuenta al decidir la instrumentación de una canción.

En "No tienen vado mis males" (núm. 16) el texto está aplicado al tiple, al tenor y al *contra 2*. En una interpretación estas tres partes se pueden cantar, pero la muy expresiva melodía del tiple[3] hace un efecto especialmente bello si se da a una sola voz con acompañamiento instrumental. Esta pieza se puede interpretar también sin *contra 1*, según aparece en *CME*.

Aunque está presentada en el *CMP* como canción para una sola voz, "Cucú, cucú" (núm. 12) es una pieza muy apropiada para una interpretación completamental vocal, para sacar el mejor partido del texto atrevido, como por ejemplo en el responderse las voces en la palabra "Cucú" en el estribillo.

Por su carácter solemne, "Todos los bienes del mundo" (núm. 61) se presta a una interpretación puramente instrumental con instrumentos de viento, o, para conseguir un efecto más sonoro, una interpretación por voces e instrumentos en cada parte. Los villancicos que se cantan al final de las églogas bien podrán haberse interpretado de esta forma.

La instrumentación se puede variar en un villancico que tiene muchas coplas.

---

[3] Véase INTRODUCCIÓN, p. 43.

Para terminar, hay que subrayar que las canciones no fueron escritas para un coro, y que no deben interpretarse con más de dos voces en cada parte. Lo normal sería un instrumento o una voz en cada parte.

La elección de instrumentos constituye un problema para el aficionado de la música antigua, pues no siempre se pueden obtener reproducciones modernas de instrumentos antiguos. Siempre que sea posible, deben usarse instrumentos de cuerda de la época renacentista tales como el laúd y la vihuela de arco, e instrumentos de viento como la chirimía, el cromorno y la cornamusa. La flauta dulce es ahora muy corriente y es perfectamente adecuada para el *contra 1* y el *tenor,* pero para el *contra 2* hace falta un instrumento bajo de viento o un violón. A falta de éstos un violoncelo servirá. Para ciertos efectos se pueden introducir instrumentos de percusión. Hay que procurar que el tiple se cante al tono correcto por un contratenor, o si es necesario por una voz femenina.

Ritmo y tiempo. Es importante sobre todo que el intérprete capte la vitalidad rítmica de la música de Encina. El tiempo apropiado será sugerido por el carácter rítmico de una pieza y los sentimientos que expresa el texto. Las canciones en tiempo binario, binario compuesto y quintuplo deben ser más bien animadas. Cuando ocurren tiempo binario y ternario en la misma canción, se indica en la transcripción la relación que hay que guardar entre ellos. Hay que notar la presencia de notas negras (indicadas por paréntesis cuadrados quebrados), pues introducen muchas veces un corto pasaje en tiempo binario en una o más partes que contradice el tiempo ternario básico.

Problemas formales. Quedan por aclarar dos problemas, uno específico, el otro general, que afectan a la interpretación.

i) *El signum congruentiae.* El significado de este signo .ꝃ., que ocurre en tres piezas, varía en la música de la época de Encina según el contexto. Hemos propuesto una interpretación en el núm. 49.[4] En el número 61 probablemente indica una repetición inmediata de los compases 7-9. En el compás 26 del núm. 2 b del apéndice es casi seguro que el signo indica un final primero y segundo de la sección B, y hemos insertado un signo de repetición para indicar esto.

ii) *Repetición del refrán.*　Es un punto muy discutible si era la intención de Encina y sus contemporáneos que el estribillo se volviera a cantar después de cada copla, como era la costumbre en el caso del *virelai* francés. Dejamos la cuestión a la discreción de los intérpretes, con la indicación de que es siempre apropiado terminar un villancico con una repetición del estribillo.

R. O. J. y C. R. L.

---

[4] Véase INTRODUCCIÓN, p. 40.

NOTICIA BIBLIOGRÁFICA

En esta Noticia bibliográfica y en la Bibliografía selecta se registran las fuentes impresas de la música y de la poesía lírica, y estudios de la vida y poesía de Encina. No se incluyen estudios de la obra dramática.

Textos

Cancionero de las obras de Juan del enzina, Salamanca, 1496. Ediciones posteriores: Sevilla, 1501; Burgos, 1505; Salamanca, 1507 y 1509; Zaragoza, 1516.

Egloga nueuamente trobada por Juan del enzina. En la qual se introduzen dos enamorados llamada ella Placida y el Uitoriano. Agora nueuamente emendada y añadido vn argumento siquier introducion de toda la obra en coplas ... S.l.n.a. [Burgos, 1518-1520].

Egloga nueuamente trobada por Juan del enzina adonde se introduze vn pastor que con otro se aconseja queriendo dexar este mundo 2 sus vanidades por querer seruir a dios el qual despues dauer se retraydo a ser hermitaño: el dios d'amor muy enojado porque sin su licencia lo auia fecho, vna nimpha le embia a le tentar de tal suerte que forçado del amor dexa los abitos y la religion. Interlocutores. Cristino, Justino, Febea, Amor. S.l.n.a.

A la dolorosa muerte del Principe Don Juan de gloriosa memoria: hijo de los muy catolicos Reyes de España. Don

Fernando el quinto: y Doña Ysabel la tercera deste nombre. Tragedia trobada por Juan del enzina. S.l.n.a. [Salamanca, 1497].

Francisco Asenjo Barbieri, *Cancionero musical de los siglos XV y XVI. Transcrito y comentado por* ... (Madrid, 1890).

Higinio Anglés, *La música en la corte de los Reyes Católicos. II y III. Polifonía profana. Cancionero musical de Palacio. (Siglos XV-XVI).* Vols. I-II (Barcelona, 1947 y 1951).

José Romeu Figueras, *La música en la corte de los Reyes Católicos. IV. Cancionero musical de Palacio. (Siglos XV-XVI).* Vol. III (en dos tomos) (Barcelona, 1965).

Manuel Joaquim, *O cancioneiro musical e poetico da Biblioteca Publia Hortensia* (Coimbra, 1940).

BIBLIOGRAFÍA SELECTA SOBRE EL AUTOR

ESTUDIOS

Andrews, J. R. *Juan del Encina. Prometheus in Search of Prestige.* University of California Publications in Modern Philology, No. 55 (Berkeley y Los Angeles, 1959).

Anglés, Higinio. *La música en la corte de los Reyes Católicos.* Polifonía Profana. Cancionero Musical de Palacio. *Monumentos de la Música Española,* V y X (Barcelona, Instituto Español de Musicología, 1947 y 1951).

Asenjo Barbieri, Franciso. Cancionero musical de los siglos xv y xvi (Madrid, Real Academia de Bellas Artes de San Fernando, 1890).

Battistessa, A. J. "Trazos para un perfil de Juan del Encina", en *Poetas y prosistas españoles* (Buenos Aires, 1943).

Clarke, D. Clotelle. "On Juan del Encina's *Un arte de poesía castellana*", *Romance Philology,* VI (1952-1953).

Cotarelo, E. Prólogo a la edición en facsímile del *Cancionero* de Encina publicada por la Real Academia Española (Madrid, 1928).

Chase, Gilbert. "Juan del Encina: Poet and Musician", *Music and Letters,* XX (1939).

Díaz-Jiménez y Molleda, E. *Juan del Encina en León* (Madrid, 1909).

Espinosa Maeso, R. "Nuevos datos biográficos de Juan del Encina", *Boletín de la Real Academia Española,* VIII (1921).

García Blanco, M. "Juan del Encina como poeta lírico", *Revista de la Universidad de Oviedo. Filosofía y Letras,* V (1944).

Harvey, L. P., R. O. Jones y Keith Whinnom. "Lingua franca in a *villancico* by Encina", *Revue de Littérature Comparée* (1967).

Jones, R. O. "An Encina Manuscript", *Bulletin of Hispanic Studies,* XXXVIII (1961).

———. "Encina y el *Cancionero* del British Museum", *Hispanófila,* 11, Año 4.º, N.º 2 (1961).

———. "Juan del Encina and Renaissance Lyric Poetry", en *Studia Iberica, Festschrift für Hans Flasche,* ed. K.-H. Körner & K. Rühl (Berna-Munich, 1973).

———. "Juan del Encina and Posterity", en *Medieval Hispanic Studies Presented to Rita Hamilton* (Londres, 1975).

Mitjana, R. *Sobre Juan del Encina músico y poeta. Nuevos datos para la biografía* (Málaga, 1895).

———. "Nuevos documentos relativos a Juan del Encina", *Revista de Filología Española,* I (1914).

(Estos trabajos fueron recogidos en *Estudios sobre algunos músicos españoles del siglo XVI,* Madrid, 1918.)

Pope, Isabel. "El Villancico Polifónico", en *Cancionero de Upsala,* publicado por J. Bal y Gay. (Ciudad de México, Colegio de México, 1944).

———. "The Musical and Metrical Form of the Villancico", *Annales Musicologiques,* II (1954).

Querol Gavalda, Miguel: "La Producción Musical de Juan del Encina (1429-1529), *Anuario Musical,* XXIV (1970).

Rambaldo, Ana María. *El* Cancionero *de Juan del Encina dentro de su ámbito histórico y literario* (Santa Fe, 1972).

Stevenson, Robert. *Spanish Music in the Age of Columbus* (La Haya, 1960).

DISCOGRAFÍA DE LA MÚSICA DE ENCINA

1. Montreal Bach Choir, *Music of the Spanish Renaissance at the Court of Emperor Charles V,* directed by George Little, Turnabout TV 342 64S.
   Encina: "Mi libertad en sosiego"

2. Musica Reservata, *Music from the time of Christopher Columbus,* directed by John Beckett, Philips SAL 3697.
   Encina: "Cucú, cucú, cucucú"
   "Triste España sin ventura"

3. Cuarteto Polifónico de Barcelona, *Hispaniae Musica: Mehrstimmige Vokalmusik (16 Jh.),* dirigido por Miguel Querol, Archiv 198 454.
   Encina: "Mi libertad en sosiego"
   "Todos los bienes del mundo"

4. Syntagma Musicum, *Music of the Middle Ages and the Renaissance,* directed by Kees Otten, vol. 2, E.M.I. HQS 1196.
   Encina: "O reyes magos benditos"

5. The Ambrosian Singers, *A Choral Tapestry,* conducted by John McCarthy, vol. 2, Ace of Diamonds SDD 196.
   Encina: "Pues que jamás olvidaros"

6. The Early Music Consort of London, *Music for Ferdinand and Isabella of Spain,* directed by David Munrow, E.M.I. CSD 3738.
   Encina: "Triste España sin ventura"

JUAN DEL ENCINA

POESÍA LÍRICA

POESÍA

Glosas de canciones y motes *

1

GLOSA DE UNA CANCIÓN QUE DIZE
"AL DOLOR DE MI CUIDADO", ETC.
APLICADA A LOS SIETE PECADOS MORTALES

O malos vicios del mundo,
por ser a vosotros dado,
si en remediar no me fundo
bozes daré en el profundo
al dolor de mi cuidado.   5

Que criáis siete serpientes
ponçoñosas sin mesura:
al que muerden con sus dientes
si no buelve a los bivientes
siempre le crece tristura.   10

---

* *Glosa*: composición poética en la que el último verso de cada
estrofa está tomado de otra composición ya existente. Esta poesía y la próxima no son poesías líricas propiamente dichas,
pero las incluimos a causa de las canciones enterradas en ellas.

Y quien bive por antojo
vase luego a lo vedado.
Con pereza o con enojo
da la gotera en el ojo
mas no por esso mudado.   15

Muy bien será que dexemos
de seguir tal vida escura
y mucho nos alexemos,
que después no nos quexemos
por mal que diga ventura.   20

Devemos dar por passada
aquesta malvada vida:
pues que tanto es acossada
tengamos desta posada
el· esperança perdida.   25

No siento cosa ser fuerte
deste mundo peligroso,
mas siento ser mala suerte
tener delante la muerte
y el pensamiento dudoso.   30

Quien no piensa fenecer
al partir será quexoso;
viendo su mal recrecer
codicia permanecer
con su bivir congoxoso.   35

Aquesta negra codicia
de muy pocos es vencida:
gula, ira y avaricia,
estos y otros con malicia
me dan muerte conocida.   40

---

14 *da la gotera en el ojo*: "los achaques le tocan en lo más sensible".

Vélate, cata que viene
la muerte muda y segura;
mira bien, que te conviene,
pues que fe ninguna tiene:
esfuerça con la cordura.   45

Y si fuere tiempo, canta,
mas tu mal sea llorado;
pues el dar piedras quebranta,
cuando cayeres levanta,
no mueras desesperado.   50

Que si tú tienes buen tiento,
por más que seas tentado
dexarás mal pensamiento
que se passe como viento,
mas no por esso mudado.   55

Fin.

Pongamos nuestra esperança
en Aquél que siempre dura
y bivamos por valança
que no hagamos mudança
por mal que diga ventura.   60

2

GLOSA DE UNA CANCIÓN QUE DIZE
"DE VOS Y DE MÍ QUEXOSO", ETC.

No sé qué vida bivir
con amor tan peligroso,

---

48 "Pues el dar golpes repetidos quebranta las piedras".
58 *valança* = ¿valenza? ("valimiento, favor, protección"): "vali-
dos (o fortalecidos) por una determinación de no mudar de
ánimo".

que en las fuerças del morir
me dexa, por os servir,
de vos y de mí quexoso.   5

Quexoso de quexas dos,
que tenéis mi fe cativa
por quereros como a Dios,
me quexo de mí por vos,
de vos porque sois esquiva.   10

No sé remedio pediros
por do muerte no reciba,
ni sé mis males deziros
pues que no queréis serviros
de mí porque nunca biva.   15

Bivo con mucho temor
por no seros enojoso,
y en ver vuestro desamor
siempre biva con dolor
si mi mal deziros oso.   20

Sufro por veros contenta
de quien tanto mal consiente,
que no siento quien consienta
el dolor que me atormenta
cuando soy de vos ausente.   25

Y con todo mi tormento
siempre crece mi afición;
por vuestro merecimiento
después que de vos me ausento
hállome gran coraçón.   30

3-4 "El amor le ha puesto en poder de la muerte".
21-5 "Sufro de veros contenta de verme sufrir tanto, pues no con-
cibo cómo una persona puede consentir que otro sufra tanto
dolor como el que me aflige cuando estoy ausente". Nótese el
annominatio de "consiente - siente - consienta". (Véase INTRO-
DUCCIÓN, p. 21.)

Y comienço a contemplaros
con gran fe muy humilmente.
Cuanto peno por amaros
entiendo poder contaros
y *pienso si soy presente.*   35

Mas después cuando a vos veo,
con temor y turbación
del mal que por vos posseo,
no puedo y tengo desseo
de deziros mi passión.   40

Vuestra perfeta figura
me haze bivir penoso,
vuestra gracia y hermosura
no me causa la tristura
mas vuestro gesto sañoso.   45

Que vuestra gracia y beldad,
aunque por fuerça derriba,
tiene gran suavidad,
mas vos mostráis crueldad
y presunción muy altiva.   50

Por lo cual mi pensamiento
de todo plazer me priva,
con dolor y perdimiento
vuestro desconocimiento
me haze que nunca biva.   55

Fin.

Assí que, triste, no entiendo
de jamás haver reposo,

33-5 "Cuanto peno por amaros creo y pienso poder contaros cuando
esté en vuestra presencia".
51 *pensamiento* = "preocupación, pesar" aquí, como en otras muchas ocasiones en la poesía amorosa de la época.
54 *vuestro desconocimiento*: "el desdén que me mostráis".

pues tal pena dais sirviendo
que siempre biva muriendo
si mi mal deziros oso.   60

3

MOTE *

QUIEN NO AVENTURA NO GANA

GLOSA

Pues que mi grave dolor
nunca mejora ni sana,
quiero perder el temor,
que en la aventura de amor
quien no aventura no gana.   5

Que ya no puedo encubriros
el mal del mal que me dais.
Pues no os mueven mis sospiros
quiero atreverme a pediros
el bien del bien que negáis.   10
Y pues mi pena es mayor
en servir con tanta gana,
¿qué aprovecha haver temor?:
que en la aventura de amor
quien no aventura no gana.   15

58-60 "Pues tal pena dais a quien os sirve que siempre viva yo muriendo si oso deciros mi mal"; o sea, "pues sois tan desde-
ñosa, como sufro ya ocultando mi amor, merezco sufrir aún
más si lo declaro".
  * *Mote*: sentencia o frase breve, sobre todo la que llevaban como
empresa los caballeros en las justas y torneos.
10 *el bien del bien*: la felicidad que le daría el favor de su dama.

4

MOTE

OLVIDÉ PARA ACORDARME

GLOSA

Consintiendo cativarme
de vuestra gracia y beldad,
mi vida y mi libertad
olvidé para acordarme.

Para acordarme de vos   5
amor manda, quiere y pide
que de mí mesmo me olvide
pues que tal os hizo Dios.
Cativo sin libertarme
de fuerça y de voluntad,   10
mi vida y mi libertad
olvidé para acordarme.

5

MOTE

NO SÉ NI PUEDO NI QUIERO

GLOSA

Es la causa bien amar
de la vida con que muero,
que sólo por os mirar
a mí, triste, remediar
no sé ni puedo ni quiero.   5

---

9 *cativo* = cautivo.

Vos sola tenéis poder
de remediar mi tormento,
vos sola podéis hazer
de mi tristura plazer
y escusar mi perdimiento,   10
y con todo mi penar
vos sois mi bien verdadero.
Vos me podéis remediar:
yo sin vos de mí gozar
no sé ni puedo ni quiero.   15

6

MOTE

ESFUERÇO A SUFRIR

GLOSA

Por más mi mal encubrir
callo y sufro mi penar,
y mi forçoso callar
me pone esfuerço a sufrir.

Esfuerça mi sufrimiento   5
la fe que tengo secreta
y mi libertad sujeta
siente secreto tormento.
Por no lo dar a sentir
no quiero mi mal quexar,   10
y mi forçoso callar
me pone esfuerço a sufrir.

7

MOTE

FUE MI FE TRAS QUIEN SE FUE

GLOSA

Ya mi libertad no es mía
ni comigo tengo fe;
pues se fue quien más quería,
fue mi plazer y alegría,
fue mi fe tras quien se fue.   5

Fuese mi bien verdadero
y esperança de mi vida,
por quien peno, por quien muero,
que ningún remedio espero
si se tarda su venida.   10
Mi vida ya desconfía,
de mi vida ya no sé,
que en irse quien más quería
fue mi plazer y alegría,
fue mi fe tras quien se fue.   15

8

MOTE

¿QUIÉN PODRÁ DEZIR SU PENA?

GLOSA

Pues que mi fe me condena
a tantas penas mortales
siendo vos en tierra ajena,

¿quién podrá contar sus males?,
¿quién podrá dezir su pena?   5

¿Quién me podrá remediar
no siéndome vos presente?
¿Qué dolor podré mostrar
que mayor no me atormente
según crece mi penar?   10
Y pues mi ventura ordena
darme penas desiguales,
no tardéis en tierra ajena,
que ya veis, con tantos males
¿quién podrá dezir su pena?

9

MOTE

ESME FORÇADO FORÇARME

GLOSA

Dichoso por cativarme,
desseoso de os servir,
mas por mi mal encubrir
esme forçado forçarme.

Forçarme callar sufriendo   5
lo que muestran mis sospiros,
queriendo mi fe encubriros
mi fe se va descubriendo.
Tengo razón de quexarme
tanto mal por vos sufrir,   10
mas por mi mal encubrir
esme forçado forçarme.

10

NI MUERO NI TENGO VIDA

Pues mi mal es tan esquivo
ninguno cuenta me pida,
que no soy muerto ni bivo,
ni soy libre ni cativo,
ni muero ni tengo vida.   5

No muero con esperança
de ser libre por servir,
no bivo con la tardança
que trae desconfiança
a mi penado bivir.   10
Y pues gran pena recibo
tal cuenta no se me pida,
que no soy muerto ni bivo,
ni soy libre ni cativo,
ni muero ni tengo vida.   15

11

ESTA FE CUANTO BIVIERE

Aunque mil muertes me deis,
según mi quereros quiere,
tanto vuestro me tenéis

que jamás mudar veréis
esta fe cuanto biviere.   5

Crece tanto mi quereros
desseando contentaros
que cuando no puedo veros
con el temor de perderos
es mayor el dessearos.   10
Y si vos mi bien queréis,
mi vida que por vos muere
presto la remediaréis,
y jamás mudar veréis
esta fe cuanto biviere.   15

Canciones

12

CANCIÓN A NUESTRO REDENTOR

Tu sagrado advenimiento
dio principio a nuestra vida,
y el virgen concebimiento
con tu santo nacimiento
nos dio ley muy escogida.   5

Tu santa circuncisión
y el ofrecer de los Reyes,
tu muerte y resurreción,
tu miraglosa acensión
destruyó las falsas leyes.   10
Y con tu recebimiento
se libró nuestra caída,
y el virgen concebimiento
con tu santo nacimiento
nos dio ley muy escogida.   15

13

CANCIÓN

Todos deven bien obrar
viendo el mundo cómo rueda,
pues al fin fin más no queda
del plazer que del pesar.

La vida esté sin reposo,   5
la voluntad muy despierta,
que la muerte está muy cierta
aunque el cuándo muy dudoso.
Y no se deve tardar
a bienhazer el que pueda   10
pues al fin fin más no queda
del plazer que del pesar.

14

CANCIÓN A LOS REYES NUESTROS SEÑORES

Rey y reina tales dos
nunca fueron en el mundo:
reyes sin tener segundo,
siervos muy siervos de Dios.

Siervos de Dios y su Madre,   5
reyes mucho más que reyes,
muerte de las falsas leyes,
vida de la de Dios Padre.
Assí que Dios es con vos
pues por Él sois en el mundo,   10
reyes sin tener segundo,
siervos muy siervos de Dios.

15

CANCIÓN

Las cosas que desseamos
tarde o nunca las havemos,
y las que menos queremos
más presto las alcançamos.

Porque Fortuna desvía   5
aquello que nos aplaze,
mas lo que pesar nos haze
ella mesma nos lo guía.
Y por lo que más penamos
alcançar no lo podemos,   10
y lo que menos queremos
muy más presto lo alcançamos.

16

CANCIÓN

Querría no desseáros
y dessear no quereros,
mas si me aparto de veros
tanto me pena dexaros
que me olvido de olvidaros.   5

Si os demando galardón
en pago de mis servicios,
daisme vos por beneficios
pena, dolor y passión
por más desconsolación.   10
Y no puedo desamaros
aunque me aparto de veros,
que si pienso en no quereros
tanto me pena dexaros
que me olvido de olvidaros.   15

17

CANCIÓN

Ya no sé cómo encubriros
lo que siempre os he callado,
pues de muy apassionado
fuérçame fuerça deziros
mis tormentos y sospiros,   5
mi dolor y mi cuidado.

He callado padeciendo
con tanta fe desque os vi
que por vos no sé de mí,
tales passiones sufriendo   10
que sin vos bivo muriendo,
y sin mí, que me vencí.
Y pues desseo serviros,
si merezco ser culpado
por seros aficionado,   15
yo no puedo más deziros:
vedlo vos en mis sospiros,
en mi dolor y cuidado.

18

CANCIÓN A UNA DAMA QUE SACÓ
UNA ROPA FORRADA EN VEROS

Sin veros no tengo vida,
muero en veros por quereros;
entre veros y no veros
tengo la vida perdida.

18: 1 A pesar del *veros* (marta cebellina) del título, no hay juego de
palabra en los *veros* de la poesía: se trata en todos los casos
del verbo *ver*.

Mátame vuestra presencia,   5
la vida pierdo en miraros;
no veros sin olvidaros,
mayor mal tengo en ausencia.
Peno y muero sin medida,
vencido de no venceros;   10
entre veros y no veros
tengo la vida perdida.

19

CANCIÓN

Si la fe y el galardón
por un peso se pesasse,
cierto soy que no faltasse
gran remedio a mi passión.

Mi passión es muy crecida   5
y mi fe de fe muy llena,
que según la fe la pena
se da por una medida.
Y si la fe y afición
a galardón se pesasse,   10
cierto soy que no faltasse
gran remedio a mi passión.

19: 6 No es ripio: se trata de dos sentidos de *fe*: "mi fe (= constancia), animada por la fe (= confianza)...".

20

CANCIÓN

Muchas vezes he acordado
de olvidar a vos, mi dios,
y en acordarme de vos
hállome desacordado.

He procurado olvidaros   5
por acordarme de mí.
Cuando pienso en cómo os vi
pienso más en más amaros.
Y con este tal cuidado,
cuidoso por vos, mi dios,   10
en acordarme de vos
hállome desacordado.

21

CANCIÓN A UNA DAMA EL DÍA DE LOS REYES

Aunque en tal día soléis
dar mercedes, beneficios,
yo no pido que me deis,
que me deis, mas que toméis
y recibáis mis servicios.   5

20: 2 *mi dios*: expresión amorosa muy normal dentro de la tradición
del amor cortés. Por no ir más lejos, piénsese en *La Celestina*,
"compuesta en reprehensión de los locos enamorados que... a
sus amigas llaman e dizen ser su dios...".
20: 4 *desacordado*: "destemplado, discorde", o "perdido el acuerdo,
fuera de sentido". Siendo músico Encina, la primera interpretación es probablemente la cierta.

Mis servicios recibiendo
son mercedes que recibo:
yo recibo, pues sirviendo
cuanto más bivo muriendo
tanto más muriendo bivo.   10
Si mis servicios queréis,
no quiero más beneficios,
ni que más galardonéis:
con esto me pagaréis,
que recibáis mis servicios.   15

22

CANCIÓN

Con la muy crecida fe
he cobrado tan gran miedo
que mi mal dezir no sé
a quien callar no lo puedo.

No puedo, triste, callar   5
porque mi mal siempre crece.
No sé cómo lo contar
porqu'el favor me fallece.
Y no sé razón por qué
tan sin favor yo me quedo,   10
que mi mal dezir no sé
a quien callar no lo puedo.

23

CANCIÓN

Del amor viene el cuidado
y del cuidado el penar,
de la pena el sospirar
del leal enamorado.

Qu'el sospiro no es passión   5
mas descanso del tormento,
do descansa el pensamiento
del cuidoso coraçón.
Y la pena del penado
que pena por bien amar   10
se muestra en el sospirar
del leal enamorado.

24 *

CANCIÓN

No quiero querer querer
sin sentir sentir sufrir,
por poder poder saber
merecer el merecer
y servir más que servir.   5

Que sirviendo padeciendo
no padece quien padece,
y sufriendo mereciendo
y mereciendo sufriendo
merece más quien merece.   10
Y el perder es no perder
el bivir que no es bivir,
por poder poder saber
merecer el merecer
y servir más que servir.   15

* Un alarde de *annominatio*. Aunque en algunos versos parece
esfumarse el significado, no carecen del todo de sentido: "No
quiero desear amar sin pensar (o proponerme a) sentir sufrimiento, por poder llegar a saber merecer [el don de] mereceros y serviros [con esa devoción] que es más que servir. Porque, padeciendo mientras sirve, el que padece no padece de
verdad, y sufriendo mientras merece, y mereciendo mientras sufre, tiene más mérito aún el que aspira a mereceros. Y perder
una vida que no es vivir no es pérdida, pues es por poder
llegar a saber merecer [el don de] mereceros y serviros [con
esa devoción] que es más que servir".

25

CANCIÓN

Desque, triste, me partí
sin veros a la partida,
se partió luego mi vida
donde nunca más la vi.

Partió mi vida en partir   5
con una passión tan fuerte
que aunque venga ya la muerte
será dulce de sufrir.
Si sentís lo que sentí,
sentiréis en mi partida   10
que partió luego mi vida
donde nunca más la vi.

26 *

CANCIÓN

Todos os deven servicios,
servicios con afición,
afición, querer, passión:
la passión por beneficios.

Beneficios son los males,   5
los males por vos sufridos,
sufridos, bien merecidos,
merecidos pues son tales.
Tales son que con servicios
serviros es galardón,   10
galardón, querer, passión:
la passión por beneficios.

* Ejemplo de encadenado (véase INTRODUCCIÓN, p. 21).

27

CANCIÓN

No quiero mostrar quereros
porque no toméis favor
para más encareceros,
pues que no temo perderos
por falta de fe ni amor.   5

Desseo siempre serviros,
procuro de no enojaros,
querría merced pediros
y no quiero descubriros
cuanto peno por amaros;   10
que si doy a conoceros
mi desseoso dolor,
será más encareceros,
mas yo no temo perderos
por falta de fe ni amor.   15

28

CANCIÓN

Es de aquesta condición
el sospirar que yo siento,
que en sospiros de afición
si descansa la passión
es para doblar tormento.   5

Tormento de más penar,
penar y doblar fatigas,
las fuerças del sospirar
aunque muestran descansar
son de descanso enemigas.   10

Assí que sospiros son
muestras de tal sufrimiento
que en sospiros de afición
si descansa la passión
es para doblar tormento.   15

29

CANCIÓN

Si supiesse contentaros
como sé saber quereros,
yo ternía sin perderos
esperança de ganaros.

Soy tan vuestro desque os vi   5
que ninguna cosa sé
sino tener con vos fe
sin saber parte de mí.
Assí que si contentaros
supiesse como quereros,   10
yo ternía sin perderos
esperança de ganaros.

Romances y canciones
con sus deshechas

30

ROMANCE

¿Qu'es de ti, desconsolado,
qu'es de ti, rey de Granada?
¿Qu'es de tu tierra y tus moros,
dónde tienes tu morada?
Reniega ya de Mahoma   5

y de su seta malvada,
que bivir en tal locura
es una burla burlada.
Torna, tórnate, buen rey
a nuestra ley consagrada,   10
porque, si perdiste el reino,
tengas el alma cobrada.
De tales reyes vencido
honra te deve ser dada.
¡O Granada noblecida,   15
por todo el mundo nombrada,
hasta aquí fueste cativa
y agora ya libertada!
Perdióte el rey don Rodrigo
por su dicha desdichada,   20
ganóte el rey don Fernando
con ventura prosperada,
la reina doña Isabel,
la más temida y amada:
ella con sus oraciones,   25
y él con mucha gente armada.
Según Dios haze sus hechos
la defensa era escusada,
que donde Él pone su mano
lo impossible es casi nada.   30

30 bis *

VILLANCICO

Levanta, Pascual, levanta,
aballemos a Granada.
(Véase el núm. 81.)

---

20 *dicha desdichada*: el placer de gozar a la Cava, causa de su
   desdicha y la de España.
 * Seguimos el *Cancionero* de Encina, donde este villancico aparece primero como deshecha del romance "Qu'es de ti, desconsolado" y vuelve a incluirse entre los villancicos pastoriles
   (nuestro núm. 81).

31

ROMANCE

Por unos puertos arriba
de montaña muy escura
caminava el cavallero
lastimado de tristura.
El cavallo dexa muerto   5
y él a pie, por su ventura,
andando de sierra en sierra,
de camino no se cura.
Huyendo de las florestas,
huyendo de la frescura,   10
métese de mata en mata
por la mayor espessura.
Las manos lleva añudadas,
de luto la vestidura,
los ojos puestos en tierra,   15
sospirando sin mesura,
en sus lágrimas bañado,
más que mortal su figura.
Su bever y su comer
es de lloro y amargura;   20
que de noche ni de día
nunca duerme ni assegura.
Despedido de su amiga
por su más que desventura,
haverle de consolar   25
no basta seso y cordura.
Biviendo penada vida,
más penada la procura,
que los coraçones tristes
quieren más menos holgura.   30

13 *añudadas*: "atadas". Los versos 13-14 faltan en el *CMP*.

31 bis *

VILLANCICO

¿Quién te traxo, cavallero,
por esta montaña escura?
(Véase el núm. 86.)

32

ROMANCE

Mi libertad en sossiego,
mi coraçón descuidado,
sus muros y fortaleza
Amores me la han cercado.
Razón y Seso y Cordura,   5
que tenía a mi mandado,
hizieron trato con ellos,
malamente me han burlado,
y la Fe, que era el alcaide,
las llaves les ha entregado.   10
Combatieron por los ojos,
diéronse luego de grado.
Entraron a escala vista,
con su vista han escalado.
Subieron dos mil Sospiros,   15
subió Passión y Cuidado.
Diziendo "¡Amores, amores!"
su pendón han levantado.
Cuando quise defenderme
ya estava todo tomado.   20
Huve de darme a presión,

* Véase nota al núm. 30 bis. Para una versión a lo divino de
este villancico véase el núm. 55.

de grado siendo forçado.
Agora, triste cativo,
de mí estoy enajenado.
Quando pienso libertarme   25
hállome más cativado.
No tiene ningún concierto
la ley del enamorado.
Del Amor y su poder
no hay quien pueda ser librado.   30

33 *

VILLANCICO

Si Amor pone las escalas
al muro del coraçón,
no hay ninguna defensión.

Si Amor quiere dar combate
con su poder y firmeza,   5
no hay fuerça ni fortaleza
que no tome o desbarate;
o que no hiera o no mate
al que se da a presión,
no hay ninguna defensión.   10

Sin partidos, con partidos,
con sus tratos o sin trato,
gana y vence en poco rato
la Razón y los Sentidos.
Los Sentidos ya vencidos,   15
sojuzgada la Razón,
no hay ninguna defensión.

Con halagos y temores,
con su fuerça y su poder,

* Falta la última copla en el *CMP* y todas menos la primera en
el *Cancionero general.*

de los que han de defender   20
haze más sus servidores.
Pues las guardas son traidores
y cometen traición,
no hay ninguna defensión.

    Nunca jamás desconfía   25
de los más sus enemigos,
haze mayores amigos,
siempre vence su porfía.
Da plazer y da alegría,
y si quiere dar passión   30
no hay ninguna defensión.

    Son sus fuerças tan forçosas
que fuerçan lo más que fuerte.
Puede dar vida y dar muerte,
puede dar penas penosas.   35
A sus fuerças poderosas
si pone fe y afición,
no hay ninguna defensión.

            Fin.

    No hay quien salga de sus manos,
discretos y no discretos.   40
A todos tiene sujctos,
judíos, moros, cristianos.
Sobre todos los humanos
tiene gran juridición:
no hay ninguna defensión.   45

34 *

ROMANCE

Yo me estava reposando,
durmiendo como solía.
Recordé, triste, llorando
con gran pena que sentía.
Levantéme muy sin tiento   5
de la cama en que dormía,
cercado de pensamiento,
que valer no me podía.
Mi passión era tan fuerte
que de mí yo no sabía.   10
Comigo estava la Muerte
por tenerme compañía.
Lo que más me fatigava
no era porque muría,
mas era porque dexava   15
de servir a quien servía.

Servía yo una señora
que más que a mí la quería,
y ella fue la causadora
de mi mal sin mejoría.   20
La media noche passada,
ya que era cerca el día,
salíme de mi posada
por ver si descansaría.
Fui para donde morava   25
aquélla que más quería,
por quien yo triste penava,
mas ella no parecía.
Andando todo turbado
con las ansias que tenía,   30
vi venir a mi Cuidado

---

* Para una versión a lo divino véase Apéndice poético, núm. 3.
14 *muría* = moría.

dando bozes, y dezía:
"Si dormís, linda señora,
recordad por cortesía,
pues que fuestes causadora   35
de la desventura mía.
Remediad mi gran tristura,
satisfazed mi porfía,
porque si falta ventura
del todo me perdería."   40
Y con mis ojos llorosos
un triste llanto hazía
con sospiros congoxosos
y nadie no parecía.
En estas cuitas estando,   45
como vi que esclarecía,
a mi casa sospirando
me bolví sin alegría.

35

CANCIÓN A NUESTRA SEÑORA

Pues que tú, Virgen, pariste
el consuelo divinal,
consuela mi vida triste,
tú, Señora, que naciste
para matar nuestro mal.   5

Mereciste tanta gloria
biviendo en aqueste suelo
que en señal de la vitoria
siempre bive tu memoria
por Madre del Rey del cielo.   10
Pues corona recebiste
de aquel reino celestial,
consuela mi vida triste
tú, Señora, que naciste
para matar nuestro mal.   15

36 *

VILLANCICO

Pues que tú, Reina del cielo,
tanto vales,
da remedio a nuestros males.

Tú que reinas con el Rey
de aquel reino celestial,   5
tú, lumbre de nuestra ley,
luz del linaje humanal:
pues para quitar el mal
tanto vales,
da remedio a nuestros males.   10

Tú, Virgen que mereciste
ser Madre de tal Señor,
tú que cuando le pariste
le pariste sin dolor,
pues con nuestro Salvador   15
tanto vales,
da remedio a nuestros males.

Tú que del parto quedaste
tan virgen como primero,
tú, Virgen, que te empreñaste   20
siendo virgen por entero,
pues que con Dios verdadero
tanto vales,
da remedio a nuestros males.

Tú que lo que perdió Eva   25
cobraste por quien tú eres,

* Faltan los versos 18-87 en el *CMP*.

tú que nos diste la nueva
de perdurables plazeres,
tú, bendita en las mujeres,
si nos vales, 30
darás fin a nuestros males.

Tú que te dizen bendita
todas las generaciones,
tú que estás por tal escrita
entre todas las naciones: 35
pues en las tribulaciones
tanto vales,
da remedio a nuestros males.

Tú que tienes por oficio
consolar desconsolados, 40
tú que gastas tu exercicio
en librarnos de pecados,
tú que guías los errados
y los vales,
da remedio a nuestros males. 45

Tú que tenemos por fe
ser de tanta perfeción
que nunca será ni fue
otra de tu condición,
pues para la salvación 50
tanto vales,
da remedio a nuestros males.

¿Quién podrá tanto alabarte
según es tu merecer?
¿Quién sabrá tan bien loarte 55
que no le falte saber?
Pues que para nos valer
tanto vales,
da remedio a nuestros males.

¡O Madre de Dios y hombre!   60
¡O concierto de concordia!
Tú que tienes por renombre
Madre de Misericordia,
pues para quitar discordia
tanto vales,   65
da remedio a nuestros males

¡Tú que por gran humildad
fueste tan alto ensalçada
que a par de la Trinidad
tú sola estás assentada!   70
Y pues tú, Reina sagrada,
tanto vales,
da remedio a nuestros males.

Tú que estavas ya criada
cuando el mundo se crió,   75
tú que estavas muy guardada
para quien de ti nació,
pues por ti nos conoció,
si nos vales
fenecerán nuestros males.   80

                    Fin.

Tú que eres flor de las flores,
tú que del cielo eres puerta,
tú que eres olor de olores,
tú que das gloria muy cierta:
si de la muerte muy muerta   85
no nos vales,
no hay remedio en nuestros males.

37

CANCIÓN

Esposa y Madre de Dios,
sagrada Virgen bendita,
Reina de gloria infinita,
ruega siempre a Dios por nos.

Que Dios quiere tu querer,   5
y lo qu'Él quiere tú quieres;
plázele de tus plazeres,
y a ti plaze su plazer.
Y pues tenéis entre vos
tal querer, Virgen bendita,   10
Reina de gloria infinita,
ruega siempre a Dios por nos.

38

VILLANCICO

Quien tuviere por señora
la Virgen, Reina del cielo,
no tema ningún recelo.

Que a los flacos coraçones
con su gracia torna fuertes,   5
haze vidas de las muertes,
y es llave de las presiones.
Quien de sus consolaciones
alcançare algún consuelo,
no tema ningún recelo.   10

38: 7 *presiones* = prisiones.

Siempre bive sin tristura
quien le tiene devoción;
da muy gran consolación
la vista de su figura.
El que servir la procura   15
con amor en este suelo,
no teme ningún recelo.

Fin.

A quien ella da osadía,
no teme ningún temor;
y si tiene algún dolor,   20
se le buelve en alegría.
Señora Virgen María,
consuela mi desconsuelo,
no tema ningún recelo.

39

CANCIÓN

¡O Madre del Rey del cielo,
socorro de nuestras vidas!
Si tú, Virgen, nos olvidas
¿quién será nuestro consuelo?

¿A quién daremos clamores   5
sino a ti, Virgen bendita,
que con tu gracia infinita
remedias los pecadores?
Tú nos levantas del suelo
en todas nuestras caídas.   10
Si tú, Virgen, nos olvidas
¿quién será nuestro consuelo?

40

VILLANCICO

¿A quién devo yo llamar,
vida mía,
sino a ti, Virgen María?

Todos te deven servir,
Virgen y Madre de Dios,   5
que siempre ruegas por nos
y tú nos hazes bivir.
Nunca me verán dezir
"Vida mía"
sino a ti, Virgen María.   10

Duélete, Virgen, de mí,
mira bien nuestro dolor,
que este mundo pecador
no puede bivir sin ti.
No llamo desque nací   15
"Vida mía"
sino a ti, Virgen María.

Tanta fue tu perfeción
y de tanto merecer
que de ti quiso nacer   20
quien fue nuestra redención.
No hay otra consolación,
vida mía,
sino a ti, Virgen María.

El tesoro divinal   25
en tu vientre se encerró,
tan precioso que libró
todo el linaje humanal.
¿A quién quexaré mi mal,
vida mía,   30
sino a ti, Virgen María?

Tú sellaste nuestra fe
con el sello de la cruz;
tú pariste nuestra luz,
Dios de ti nacido fue.   35
Nunca jamás llamaré
"Vida mía"
sino a ti, Virgen María.

Fin.

O clara virginidad,
fuente de toda virtud,   40
no cesses de dar salud
a toda la cristiandad.
No pedimos piedad,
vida mía,
sino a ti, Virgen María.   45

41

CANCIÓN A LOS TRES REYES MAGOS

Reyes santos que venistes
a ver al Rey más subido,
en los dones que le distes
distes fe que conocistes
Dios y hombre ser nacido.   5

Encienso por divinal,
y por Rey le distes oro,
y mirra por ser mortal,
en aquel pobre portal,
casa de nuestro tesoro.   10
Gran corona merecistes
por haver a Dios servido:
en los dones que le distes
distes fe que conocistes
Dios y hombre ser nacido.   15

42

VILLANCICO

¡O Reyes Magos benditos,
pues de Dios sois tan amados,
sed mi guarda y abogados!

Sed mi guarda en este suelo
porque en sus lazos no caya,   5
y abogados en el cielo
porque a veros allá vaya.
Porque por vosotros haya
gran perdón de mis pecados,
sed mi guarda y abogados.   10

Tanto quiso Dios amaros
por vuestro merecimiento,
que le plugo revelaros
su sagrado nacimiento.
Pues le tenéis tan contento   15
y con Él sois tan privados,
sed mi guarda y abogados.

Venistes desde Oriente
[a] adorar al Rey divino
con aquel alto presente   20
para quien dél era dino.
Caminastes de contino
por una estrella guiados:
sed mi guarda y abogados.

Fin.

Sirviéronle los pastores   25
por pastor de tantas greyes,
y vosotros, mis señores,

por mayor Rey de los Reyes.
Pues del Dador de las leyes
sois tan queridos y amados,   30
sed mi guarda y abogados.

43

CANCIÓN EN NOMBRE DEL NUESTRO
MUY ESCLARECIDO PRÍNCIPE DON JUAN *

Bendita Virgen María,
dechado de perfeción,
ruega a Dios, Señora mía,
me dé tal sabiduría
cual fue dada a Salomón.   5

Ruégale quiera querer
regir todos mis sentidos,
porque el mando y el poder
si se rigen con saber
siempre son muy bien regidos.   10
Assí que tú, luz del día,
remedio de perdición,
ruega a Dios, Señora mía,
me dé tal sabiduría
cual fue dada a Salomón.   15

44 **

VILLANCICO

El que rige y el regido
sin saber
mal regidos pueden ser.

* El príncipe don Juan (1478-1497), hijo varón único de los Reyes Católicos.
** Este villancico —que forma una deshecha de la canción pre-
cedente— es una amonestación dirigida al príncipe don Juan.

Mal rige quien no es prudente
porque todo va al revés,   5
y el perfeto regir es
saber mandar sabiamente;
qu'el regido y el rigente
sin saber
mal regidos pueden ser.   10

Donde falta discreción
no hay ninguna cosa buena;
lo que discreción ordena
aquello da perfeción;
mas los que regidos son   15
sin saber
mal regidos pueden ser.

Fin.

El saber que Dios nos da,
aquél es saber perfeto,
y aquél se llame discreto   20
que de tal saber sabrá;
y lo que regido va
sin saber
mal regido puede ser.

45

CANCIÓN

Es tan triste mi ventura,
tan metida en padecer
que si voy donde hay plazer
más se· dobla mi tristura.

No me pena mi penar   5
ni de mi dolor me duelo,
qu'el pesar me da consuelo

y el plazer me da pesar.
Assí que mi desventura
ningún bien quiere querer,   10
que si voy donde hay plazer
más se dobla mi tristura.

46

VILLANCICO

Quien al triste coraçón
procurare consolar,
tome parte del llorar.

Que quien al triste consuela,
si de su dolor se duele,   5
primero que le consuele
llorando su mal le duela,
porque el triste no recela
otro más triste pesar
que ver otros alegrar.   10

Mal concierta covardía
y esforçada fortaleza;
el triste busque tristeza
y el alegre el alegría;
porque en una compañía   15
el llorar con el cantar
mal se puede concertar.

El que bive triste vida
la vida tiene por muerte,
y es la muerte de tal suerte   20
muerte mil vezes sufrida:
quien de vida tan perdida
no se puede remediar,
la muerte deve buscar.

47

CANCIÓN

Soy contento vos servida
ser penado de tal suerte,
que por vos quiero la muerte
más que no sin vos la vida.

Quiero más por vos tristura,   5
siendo vuestro sin mudança,
que plazer sin esperança
de enamorada ventura.
No tengáis la fe perdida
pues la tengo yo tan fuerte,   10
que por vos quiero la muerte
más que no sin vos la vida.

48 *

VILLANCICO

Más vale trocar
plazer por dolores
que estar sin amores.

Donde es gradecido
es dulce el morir: 5
bivir en olvido,
aquél no es bivir.
Mejor es sufrir
passión y dolores
que estar sin amores.   10

* Poema acróstico: las letras iniciales del estribillo y de las coplas forman el nombre MADELENA.

Es vida perdida
bivir sin amar,
y más es que vida
saberla emplear.
Mejor es penar   15
sufriendo dolores
que estar sin amores.

La muerte es vitoria
do bive afición,
que espera haver gloria   20
quien sufre passión.
Más vale presión
de tales dolores
que estar sin amores.

El qu'es más penado   25
más goza de amor,
qu'el mucho cuidado
le quita el temor.
Assí qu'es mejor
amar con dolores   30
que estar sin amores.

No teme tormento
quien ama con fe
si su pensamiento
sin causa no fue.   35
Haviendo por qué,
más valen dolores
que estar sin amores.

18-21 Alusión a la muerte y resurrección de Jesucristo.
27-28 Quizás un recuerdo lejanísimo del texto bíblico: "En amor no
     hay temor; mas el perfecto amor echa fuera al temor..." (1 Juan,
     IV, 18).

Fin.

Amor que no pena
no pida plazer   40
pues ya le condena
su poco querer.
Mejor es perder
plazer por dolores
que estar sin amores.   45

49

CANCIÓN

A vos me quexo de mí
pues de mí sin vos no sé,
que se fue con vos mi fe
sin me dar cuenta de sí.

Ajeno de libertad   5
me quexo de mi querer,
que soy vuestro sin saber
si de vuestra voluntad.
Dichoso, pues, me vencí,
siendo la causa quien fue,   10
que se fue con vos mi fe
sin me dar cuenta de sí.

50

VILLANCICO

Por muy dichoso se tenga
quien por vos sufre passión
pues es harto galardón.

Siendo vos la causadora
de la muerte que yo muero,   5
¿qué mayor vitoria quiero
que morir por tal señora?
Pues con la causa se dora,
bien abasta la passión
pues es harto galardón.   10

A cuantos vencidos biven
no tenéis que darles grado,
pues en veros es forçado
que de fuerça se cativen.
Vuestros ojos no me esquiven;   15
no quiero sino passión,
pues es harto galardón.

Los aquexados sospiros
de la pena que me dais,
harto los galardonáis   20
en que pene por serviros.
Sin otra merced pediros
soy contento de passión,
pues es harto galardón.

4-7 Alusión a las palabras de San Pablo: "¿Dónde está, oh muerte,
tu aguijón?, ¿dónde, oh sepulcro, tu victoria?" (1 Corintios,
XV, 55).

A vos se deve el ditado   25
de más hermosura y gala,
y a mí nadie se me iguala
en seros aficionado.
Por ser tan bien empleado
yo quiero sufrir passión   30
pues es harto galardón.

Y pues sois tan linda y bella
mi passión he yo por buena,
que a todo el mundo dais pena
y a nadie remedio della.   35
No puedo tener querella
con tan dichosa passión
pues es harto galardón.

Fin.

Aunque no jamás vencida,
y a todos vencéis en veros,   40
nadie dexe de quereros
pues es deuda conocida,
con esperança perdida
de esperar sino passión,
pues es harto galardón.   45

25 *ditado* = dictado («título»).

51

   Razón que fuerça no quiere
me forçó
a ser vuestro como so.

   Razón me fuerça serviros
siendo de grado contento;   5
para mercedes pediros
yo no tengo atrevimiento.
Vuestro gran merecimiento
me forçó
a ser vuestro como so.   10

   Olvidaros sin que muera
ni es possible ni yo quiero;
si algún bien mi mal espera
es el que de vos espero.
Mi querer muy verdadero   20
me forçó
a ser vuestro como so.

   No temo tanto la muerte
cuanto temo el dessearos;
es mi fe tan firme y fuerte   25
que crece siempre en amaros.
La fuerça del dessearos
me forçó
a ser vuestro como so.

3 *so* = soy.

Otros temen un temor: 30
yo temo cien mil temores;
otros tienen un dolor:
yo mil penas y dolores.
Amor de vuestros amores
me forçó   35
a ser vuestro como so.

En solo pensar en vos
no me acuerdo ya de mí.
Tan hermosa os hizo Dios
cuan penado vos a mí: 40
la belleza que en vos vi
me forçó
a ser vuestro como so.

Fin.

La merced y beneficios
que quiero que me otorguéis: 45
que queráis de mis servicios
serviros y me mandéis,
pues la gracia que tenéis
me forçó
a ser vuestro como so.   50

52 *

COPLAS POR JUAN DEL ENZINA
A ESTE AJENO VILLANCICO

Dos terribles pensamientos
tienen discorde mi fe:
no sé cuál me tomaré.

* Este villancico es la poesía de Encina que de más popularidad
gozó en el siglo XVI, a juzgar por la frecuencia con que aparece en los pliegos sueltos. Seguía apareciendo en los pliegos
hasta finales del siglo XVII. Véase R. O. Jones, "Juan del Encina and Posterity".

El uno muy esforçado,
el otro muy temeroso;   5
el uno me da cuidado,
el otro me da reposo.
Yo, triste, no sé ni oso
determinar con mi fe
de los dos cuál tomaré.   10

El uno dize que biva
porque no muera ventura,
pues libertad se cativa
mas después bive segura;
y si yo tengo tristura   15
porque la causa mi fe,
después gloria cobraré.

El otro dize que muera
porque no biva penado,
pues la vida verdadera   20
es morir bien empleado.
Assí que todo turbado
con esto, triste, no sé
destos dos cuál tomaré.

Fin.

El uno tiene esperança   25
donde el otro se condena;
el uno quiere holgança
donde el otro quiere pena.
Ambos piden la cadena
donde está presa mi fe: 30
no sé cuál me tomaré.

53 *

COPLAS POR JUAN DEL ENZINA
A ESTE AJENO VILLANCICO

¡O castillo de Montanges,
por mi mal te conocí!
¡Cuitada de la mi madre
que no tiene más de a mí!

    Ella siente mi passión,   5
yo la suya más que mía,
que la menos alegría
me da más consolación.
No me pena la prisión
mas la fe que descobrí.   10
¡Cuitada de la mi madre
que no tiene más de a mí!

    No me pena mi tormento,
de plazeres soy esquivo,
soy contento ser cativo   15
por tan gran merecimiento.
Ay castillo, que no siento

---

* Los versos 5-20 faltan en el *Cancionero* de Encina pero constan en el *CMP* (donde por otra parte faltan los versos 37-44). Sin duda no habrá faltado quien dude que las coplas adicionales del *CMP* sean de Encina; pero que la versión compuesta que imprimimos aquí es la auténtica lo comprueba el hecho de que las coplas forman un acróstico que deletrea el nombre ENCYNA.

    Gonzalo Menéndez-Pidal opina (en R. Menéndez-Pidal, *Romancero hispánico*, I, Madrid, 1953, p. 371) que el estribillo se refiere a un suceso histórico: la entrega del castillo de Montánchez, que estaba por el infante Enrique, al rey don Juan II en diciembre de 1429 (véase la *Crónica del halconero de Juan II...*, ed. Juan de Mata Carriazo, Madrid, 1946, pp. 46-47). Es posible, aunque no nos vemos obligados a aceptar la hipótesis: no es menos posible que algún incidente olvidado y sin importancia, o completamente imaginario, haya dado origen a los versos.

otro mal de verme en ti,
sino por sola mi madre
que no tiene más de [a] mí.   20

  Conocíte desdichado
por mi desastrada suerte,
no porque tema la muerte
ni de mí tenga cuidado:
mas me siento lastimado   25
en verme dentro de ti
por la triste de mi madre
que no tiene más de a mí.

  Y no me pena perderme
pues la causa me consuela,   30
mas es razón que me duela
porque no supe valerme.
Quisiera muriendo verme
delante quien me vencí.
¡Cuitada de la mi madre,   35
que no tiene más de a mí!

  No muere quien desque muerto
dexa la fe por memoria,
que en la muerte está la gloria
y el bivir es desconcierto.   40
Pues amé tan descubierto
muera si lo merecí.
¡Cuitada de la mi madre,
que no tiene más de a mí!

29-32 No hay contradicción: el amor compensa la muerte, dice el
     poeta, pero lamenta sin embargo el no haberse valido — quizá
     guardando mejor el secreto de su amor (como sugieren los
     versos 41-42 y 45-50). Al publicar su amor habrá incurrido en
     el desdén de su dama.
  34 "delante aquella en cuya presencia me di por vencido".

Fin.

Assí que quien pena y arde   45
en amores, si es discreto,
procure tanto secreto
que de sí mesmo se guarde;
porque temprano que tarde
nunca amor secreto vi.   50
¡Cuitada de la mi madre,
que no tiene más de a mí!

Villancicos

54 *

VILLANCICO

Ya no quiero tener fe,
Señora, si no con vos
pues que sois Madre de Dios.

Vos sois hija, vos sois madre
de Aquél mesmo que os crió.   5
Él es vuestro hijo y padre
y por madre a vos nos dio.
A todos nos redimió
en querer nacer de vos,
bendita Madre de Dios.   10

Sois Madre de Dios y mía,
sois el fin de mi esperança,
sois mi plazer y alegría,
sois mi bienaventurança.   15
Mi remedio no se alcança
por otra si no por vos,
Virgen y Madre de Dios.

¿Qué mudança me mudó?
¿Cuál amor pudo vencerme?

* En el *CMP* el orden de las coplas es 1, 3, 2, 5, 6, 4.

¿Cuándo mi fe os olvidó　　　　　20
por en otro amor meterme?
Que estava para perderme
si no fuera ya por vos,
Madre y Esposa de Dios.

　　Mis verdaderos amores　　　　25
ya con vos tenerlos quiero,
pues que sois de pecadores
el remedio verdadero;
que si bien alguno espero
es por servir a vos,　　　　　　30
huéspeda y sierva de Dios.

　　Los que vuestro nombre llaman
son muy presto remediados;
los que con amor os aman
siempre biven consolados.　　　　35
Nunca son desamparados
los que tienen fe con vos,
sagrado templo de Dios.

　　　　　　Fin.

　　A vos quiero por señora
en tanto cuanto biviere,　　　　40
sed vos mi procuradora
cuando deste mundo fuere,
porque después que muriere
no me aparte yo de vos,
palacio y casa de Dios.　　　　45

55

VILLANCICO

　　¿Quién te traxo, Criador,
por esta montaña escura?
　　— Ay, que tú, mi criatura.

¿Cómo vienes lastimado,
maltratado de tal suerte? 5
¿Quién te sentenció a la muerte,
siendo justo, sin pecado?
Haviendo, Señor, criado
a toda humana natura,
¿vienes a tal desventura? 10

Acordé de te criar
por ver tu merecimiento;
quebraste mi mandamiento,
no lo supiste guardar:
por do vengo yo a pagar 15
tu pecado y tu locura,
pues te hize a mi figura.

¿No pudieras, Rey del cielo,
pues eres tan poderoso,
reinar en gloria y reposo 20
sin venir [a] aqueste suelo
a sufrir tal desconsuelo,
tal dolor y tal tristura,
tal pena tan sin mesura?

Por cumplir las profecías 25
que de mí profetizaron
los profetas que cantaron
la venida del Mexías,
pues se cumplen ya los días
para cumplir la Escritura, 30
búsquenme la sepultura.

¡Oh poderoso poder,
nuestra verdadera luz,
que en el árbor de la cruz
has venido a padecer 35

8 *criado* = creado.
28 *Mexías* = Mesías.

por venir a guarecer
con tu sangre santa y pura
la lavor de tu hechura!

Fin.

En árbor vine a penar
por levantar tu caída,   40
que a do se perdió la vida
allí se deve buscar.
Por purgar el resalgar
que comiste por dulçura,
he por dulce mi amargura.   45

56 *

VILLANCICO

Hermitaño quiero ser
por ver,
hermitaño quiero ser.

Por provar nueva manera
mudar quiero mi vestir,   5
porque en el traje de fuera
desconoçan mi bivir.
No mudaré mi querer:
por ver,
hermitaño quiero ser.   10

Serán mis hábitos tales
que digan con mi dolor:
será el paño de mis males,
será de fe la `color,

---

43 *resalgar* = rejalgar.
  * El orden de las coplas en el *CMP* es 1-7, 10, 11, 9, 12, 8. *
  7 *desconoçan* = desconozcan.
14 *de fe la color*: es decir, blanco.

y el cordón de padecer: 15
por ver,
hermitaño quiero ser.

Será hecho mi cilicio
de muy áspero tormento,
texido con mi servicio,   20
cosido con sufrimiento,
y helo siempre de traer:
por ver,
hermitaño quiero ser.

Las cuentas para rezar   25
han de ser cien mil querellas,
el bordón para esforçar
ha de ser la causa dellas;
y pues me dexé vencer,
por ver,   30
hermitaño quiero ser.

Crecerán mis barvas tanto
cuanto creciere mi pena.
Pediré con triste llanto
"Dad para la Madalena",   35
si me quisieren valer;
por ver,
hermitaño quiero ser.

No peinaré mis cabellos
ni descansarán mis ojos   40
hasta que se duela dellos
quien me causa mil enojos.
Si se quisiesse doler,
por ver,
hermitaño quiero ser.   45

Haré vida tan estrecha
que peor será que muerte,
porque no tengan sospecha

que bivo por otra suerte,
y no tomaré plazer: 50
por ver,
hermitaño quiero ser.

   Andaré sin alegría
aquexado de cuidados,
por los páramos de día,   55
de noche por los poblados;
y assí quiero fenecer:
por ver,
hermitaño quiero ser.

   Quiçá que por mi ventura,   60
andando de puerta en puerta,
veré la gentil figura
de quien tien mi vida muerta.
Si saliesse a responder,
por ver,   65
hermitaño quiero ser.

   Los sospiros encubiertos
que he callado por mi daño
ora serán descubiertos
en hábito de hermitaño.   70
Ora ganar o perder:
por ver,
hermitaño quiero ser.

   Pensarán los que me vieren
que sospiro con pobreza.   75
La que mis ojos ver quieren
bien sentirá mi tristeza.
Bien me sabrá conocer:
por ver,
hermitaño quiero ser.   80

63 *tien* = tiene.

Fin.

¡O qué bienaventurança
ternía mi coraçón
si cumpliesse mi esperança
viéndome en tal religión!
Haré todo mi poder   85
por ver,
hermitaño quiero ser.

57 *

VILLANCICO

— Remediad, señora mía,
pues podéis.
— Señor, no me lo mandéis.

— El remedio de mi vida
de vos lo espero, señora.   5
— Pues tened, señor, perdida
esperança por agora.
— O cruel remediadora,
¿no queréis?
— Señor, no me lo mandéis.   10

Mal remedio tenéis luego
si vos de mí lo esperáis.
— Scñora, por Dios os ruego,
tal cosa no me digáis,
que si mi pena miráis   15
sí haréis.
— Señor, no me lo mandéis.

— Siempre me siguen dolores
por seros aficionado.
— ¿Pues por qué tenéis amores   20
con quien sois tan desdichado?

82 *ternía* = tendría.
84 *religión*: "orden religiosa".
* El orden de las coplas en el *CMP* es 1, 4, 2, 3, 7, 5, 6.

—Y si soy de amor forçado
¿qué diréis?
—Señor, no me lo mandéis.

No procuréis de servirme   25
que no entiendo remediaros.
—Ni yo, señora, partirme
de buscar en qué agradaros,
que no podéis escusaros
si queréis.   30
—Señor, no me lo mandéis.

—Aunque mi mal me condene,
vos sois la que me condena.
—No soy, pues queréis que pene
por librar a vos de pena.   35
—Pues que mi fe es tanto buena
no dudéis.
—Señor, no me lo mandéis.

Si gran fe tenéis comigo
mudad vuestra confiança.   40
—Señora, con tal castigo
nunca amor hizo mudança.
Antes cumplid mi esperança
pues podéis.
—Señor, no me lo mandéis.   45

Fin.

—Dad, señora, ya algún medio
como mi vida no muera.
—Yo, señor, daré remedio
cuando razón lo requiera.
—Señora, luego quisiera   50
pues podéis.
—Señor, no me lo mandéis.

41 *castigo*: "consejo, amonestación".
47 *como ... no muera*: "de suerte que no muera".

58

VILLANCICO

No quiero que me consienta
mi triste vida bivir,
ni yo quiero consentir.

Pues que vos queréis matarme
yo, señora, soy contento,   5
que veros y dessear me
será doblado tormento,
pues vuestro merecimiento
no me consiente bivir,
ni yo quiero consentir.   10

De mi dolor y tristura
ningún remedio se espera,
pues que mi suerte y ventura
del todo quiere que muera,
y la muerte verdadera   15
no me consiente bivir,
ni yo quiero consentir.

Consiento mi triste suerte
porque sé que sois servida
que sufra por vos la muerte   20
por verme perder la vida;
y pues mi pena crecida
no me consiente bivir
ni yo quiero consentir.

Fin.

Sufro la muerte doblada   25
en pensar que si yo muero
de nadie seréis amada

con amor tan verdadero.
Mas pues no queréis no quiero
que me consintáis bivir,   30
ni yo quiero consentir.

59

VILLANCICO

— Dezidme pues sospirastes,
cavallero, que gozéis,
quién es la que más queréis.

— Lástima tan lastimera,
¿para qué la preguntáis   5
pues que sabéis que me dais
mayor mal porque más muera?
Quien yo quiero que me quiera
vos, señora, lo sabéis;
y más no me preguntéis.   10

— En preguntaros, señor,
yo no creo aver errado,
que en veros apassionado
huve de vos gran dolor.
Si padecéis mal de amor,   15
assí della vos gozéis
que vos no me lo neguéis.

— ¡O señora, y qué lindeza
la de quien me cativó,
sino que se me tornó   20
para mí toda en crueza!
Es tanta su gentileza
que vos mesma la amaréis,
y a mí no me culparéis.

2 *que gozéis*: "así gocéis de vuestro amor".

— No neguéis vuestra fatiga   25
a quien os busca consuelo.
Pues de vuestro mal me duelo,
sepa quien es vuestra amiga,
que más parece enemiga
éssa por quien padecéis,   30
pues que vos no la vencéis.

— Obedecer y serviros
es lo que yo más desseo.
Que lo sepáis, bien lo creo,
mas mi mal quiero deziros.   35
Los tormentos y sospiros
de la pena en que me veis
remediar vos los podéis.

Fin.

— Remediar a vuestra pena,
si dezís penaros yo,   40
pues el Amor os prendió
él quitará la cadena.
Sabed que ya soy ajena:
vos de mí más no curéis,
que mal remedio tenéis.   45

60 *

VILLANCICO

Pues no te duele mi muerte,
siendo tú la causa della,
sepan todos mi querella.

Sepan que tengo razón
de quexarme si me quexo,   5

* En el *CMP* las coplas 4 y 5 van en orden inverso.

pues de ti vencer me dexo
dándote mi coraçón,
y no tienes afición.
Pues me matas por tenella,
sepan todos mi querella.   10

    ¡O mujer desgradecida
más que nadie nunca fue,
que no te vence mi fe
ni mi passión tan crecida!
Pues la tienes conocida   15
y quieres desconocella,
sepan todos mi querella.

    Siempre muestras que me quieres:
yo no sé lo que desseas,
mas no puede ser que seas   20
más cruel de lo que me eres.
Y pues con la fe me hieres
y no muestras obras della,
sepan todos mi querella.

    Posiste con tu querer   25
en mi fe mucha esperança,
mas ora con la mudança
hásmela hecho perder.
Y pues tú con tu poder
no quieres favorecella,   30
sepan todos mi querella.

    Y tu querer ha causado
en el mío tal firmeza
que mi bien y mi riqueza
es en cumplir tu mandado.   35

13-14 *fe ... passión*: metáforas religiosas típicas de la literatura del
     amor cortés.
22-23 *fe ... obras*: metáfora religiosa: "me heriste mostrándome un
     amor que parecía sincero (*fe*), pero tu fe no va acompañada
     de obras".
   25 *posiste* = pusiste.

Y pues no tienes cuidado
y matas siendo tan bella,
sepan todos mi querella.

Fin.

Mas esta merced te pido:
por no te dar más enojos   40
me mires con tales ojos
con cuales mi fe te vido.
Si crueza pone olvido,
piérdela, pues en perdella
perderé yo mi querella.   45

61

VILLANCICO

No quiero tener querer
ni quiero querido ser.

Pues amor tan mal me trata
no quiero su galardón,
que con mil muertes me mata   5
por le tener afición.
Y no me puedo valer
con el mucho padecer.

Mostróme tal esperança
cuando por suyo me di   10
qu'el daño de la tardança
con ella no lo sentí;
y por me echar a perder
ha tardado el gradecer.

Siempre me dio mil pesares   15
por un plazer con dolor,
y en peligrosos lugares

siempre me negó el favor;
y nunca me pude ver
sino triste en su poder.   20

Fueron tantos mis servicios
que no se pueden contar;
sus pagas y beneficios
han sido de me matar.
Y es cosa de no creer   25
cuánto pierde mi perder.

Las mercedes que esperava,
triste, yo nunca las vi;
el gozo que desseava
fue tristeza para mí.   30
Ya la gloria y el plazer
no me saben conocer.

Fin.

No fue menos su crueza
que mis pérdidas y daños;
si fue grande mi firmeza,   35
muy mayores sus engaños.
Pues no 'me quiere querer,
ya no quiero suyo ser.

62

VILLANCICO

Pues amas, triste amador,
dime qué cosa es amor.

Es amor un mal que mata
a quien le más obedece,
mal que mucho más maltrata   5

al que menos mal merece,
favor que más favorece
al menos merecedor.

Es amor una afición
de desseo desseoso,   10
donde falta la razón
al tiempo más peligroso,
y es un deleite engañoso
guarnecido de dolor.

Es amor un tal poder   15
que fuerça la voluntad;
adonde pone querer
quita luego libertad.
Es más firme su amistad
quando finge desamor.   20

Es una fuente do mana
agua dulce y amargosa,
que a los unos es muy sana
y a los otros peligrosa,
unas vezes muy sabrosa   25
y otras vezes sin sabor.

Es una rosa en abrojos
que nace en cualquier sazón
cuando se vencen los ojos
consintiendo el coraçón.   30
Cógese con gran passión
con gran peligro y temor.

Fin.

Es un xarope mezclado
de un plazer y mil tristuras,
desleído con cuidado   35

33 *xarope* = jarope, jarabe.

en dos mil desaventuras,
que si bever lo procuras
morirás si no hay favor.

63

VILLANCICO

Más quiero morir por veros
que bivir sin conoceros.

Es tan firme mi esperança
que jamás haze mudança
teniendo tal confiança   5
de ganarme por quereros.

Mucho gana el qu'es perdido
por merecer tan crecido,
y es vitoria ser vencido
sin jamás poder venceros.   10

Fin.

Aunque sienta gran tormento,
gran tristeza y pensamiento,
yo seré dello contento
por ser dichoso de veros.

64

VILLANCICO

Pues que mi triste penar
siempre crece y es más fuerte,
más me valdría la muerte.

7-14 Faltan en el *CMP*.

Que la gloria que recibo
en ver vuestra hermosura   5
me tiene siempre cativo
con dolores y tristura;
y me haze dessear,
viendo mi passión tan fuerte,
mil vezes, triste, la muerte.   10

Y con este tal desseo
bivo sin vida penando,
que jamás nunca posseo
el galardón que demando,
y querría ya trocar   15
esta desastrada suerte
por bivir vida sin muerte.

Fin.

Es dulce penosa vida
viniendo de vuestra mano,
mas no siendo vos servida   20
el morir es lo más sano;
y en morir, la vida gano:
siendo tan triste mi suerte
más me valdría la muerte.

65

VILLANCICO

No se puede llamar fe
la que en obras no lo fue.

Aunque mucho me queráis,
pues que no me remediáis

11-24 Faltan en el *CMP*.

vos sois la que me matáis   5
y de vos me quexaré.

    Vos me mostrastes favor
por me meter en amor,
y havéisme dado dolor,
dolor que tal nunca fue.   10

    Robástesme mi querer,
mi libertad y poder,
mas no queréis gradecer
el mal que por vos passé.

    Pues la fe y el bien amar   15
en obras se ha de mostrar,
no tardéis en remediar,
que vuestro soy y seré.

Fin.

    No neguéis el galardón
a mi triste coraçón,   20
que con toda mi passión
yo jamás os negaré.

65 bis *

(VERSIÓN DEL CANCIONERO DEL BRITISH MUSEUM)

    Non se puede llamar fe
la que en obras no lo fue.

    Aunque mucho me queráis,
pues que no me remediáis
vos sois la que me matáis   5
y de vos me quexaré.

15-22 Faltan en el *CMP*.
   * Versión muy defectuosa, pero no carente de interés.

Vos me mostráis querer
por me poner en amor
y havésme dado dolor,
dolor que tal nunca fue.   10

Robástesme mi querer,
mi libertad y poder,
mas no querés gradecer
el mal que por vos pasé.

Pues la fe y el bien amar   15
en la obra se demuestra,
no tardés en me mandar,
dadme presto la respuesta.

Que la fe y el buen amar
en la obra ha de parecer: 20
no tardés en demandar.
O dezidme vuestro querer.

66

VILLANCICO

¡Ay, Amor, a cuántos tienes
cativados
que no te son obligados!

Cativas al coraçón
qu'es razón que no catives;   5
no te goviernas ni bives
por derecho ni razón.

---

9 *havés* = habéis.
2 *cativados* = cautivados.

Tiene muchos tu afición
cativados
que no te son obligados.   10

        Fin.

    Cativaste mi querer
do mi fe recibe engaño,
y no miras cuánto daño
se me puede recrecer.
¡Cuántos tiene tu poder   15
cativados
que no te son obligados!

                   67

                 VILLANCICO

    Ya cerradas son las puertas
de mi vida
y la llave es ya perdida.

    Tiénelas tan bien cerradas
el portero de Amor,   5
no tiene ningún temor
que de mí sean quebradas.
Son las puertas ya cerradas
de mi vida
y la llave es ya perdida.   10

    Las puertas son mis servicios,
la cerradura es olvido,
la llave que se ha perdido
es perder los beneficios.

67: 4-10 Falta esta copla en el *Cancionero* de Encina. La tomamos
del *CMP*.

Assí que fuera de quicios   15
va mi vida
pues la llave es ya perdida.

  Puse la vida en poder
de quien sirvo y de quien amo;
agora, triste, aunque llamo   20
no me quiere responder.
Cerróme con su querer
la salida
y la llave es ya perdida.

        Fin.

  He servido con tal fe   25
cual nadie nunca sirvió:
el galardón que me dio
fue peor que nunca fue.
Assí que, triste, no sé
de mi vida   30
pues la llave es ya perdida.

68

VILLANCICO

  Bivirá tanto mi vida
cuanto vos seáis servida.

  Tanto serviros desseo
qu'el dessear me atormenta,
y no sé si sois contenta   5
de la vida que posseo;
que no quiero tener vida
sin que vos seáis servida.

  Y si vos queréis que muera
la vida no la codicio,   10

pues en hazeros servicio
es mi gloria verdadera:
que la muerte será vida
si con ella sois servida.

Fin.

Y aunque mis servicios sean   15
pequeños para con vos,
mirad, señora, por Dios
cuánto servir os dessean:
que no tengo yo más vida
de cuanto seáis servida.   20

69

VILLANCICO

Pues el fin de mi esperança
tanto tarda,
para mayor mal se guarda.

Es el fin del bien que espero
alcançar vuestro querer,   5
que sin vos querer no quiero
bien ni gloria ni plazer.
Mas pues vuestro gradecer
tanto tarda,
para mayor mal se guarda.   10

No se tarda mi serviros
mas tárdase el galardón,
que me causa mil sospiros
que salen del coraçón;
y pues vuestra compassión   15
tanto tarda,
para mayor mal se guarda.

Fin.

Guárdase mi buena suerte
para dar fin a mi gloria,
porque después de mi muerte   20
quede mi mal por memoria.
Assí que si mi vitoria
más se tarda,
para mayor mal se guarda.

70

VILLANCICO

Paguen mis ojos pues vieron
a quien más que a sí quisieron.

Vieron una tal beldad
que de grado y voluntad
mi querer y libertad   5
cativaron y prendieron.

Cativaron mi querer
en poder de tal poder
que les es forçado ser
más tristes que nunca fueron.   10

Fin.

Más tristes serán si biven
que si moros los cativen
porque de mirar se esquiven
a quien nunca conocieron.

71

Ventura quiere que quiera
trocar plazer por pesar
por más penar mi penar.

Ya mi triste pensamiento
el plazer ha despedido,   5
y en su lugar recebido
la tristura y el tormento.
Yo me siento muy contento,
muy contento con pesar,
por más penar mi penar.   10

Mostróme ventura gloria
porque su poder supiesse,
y antes que bien la sintiesse
huyóme de mi memoria.
No me queda otra vitoria   15
sino dolor y pesar
por más penar mi penar.

Si no supiera mi vida
de gloria ni la gustara,
después no me lastimara   20
al tiempo cuando perdida.
Para dar mayor herida
mostróme su dessear
por más penar mi penar.

Muy mejor, triste, me fuera   25
nunca de plazer saber
para agora conocer
tristura tan lastimera.
Hasta que del todo muera

no me faltará pesar   30
por más penar mi penar.

  Pues quiso mi mala suerte,
consienta mi coraçón
acabar una passión
con otra passión más fuerte.   35
Por mejor buscar la muerte
quiero más el más pesar
por más penar mi penar.

Fin.

  El muy triste desdichado,
porque creça su fatiga,   40
con la más fatiga siga
tras la passión y el cuidado.
Y assí, triste, yo penado
no quiero sino pesar
por más penar mi penar.   45

72

VILLANCICO

  Ningún cobro ni remedio
puede mi vida cobrar
sino vuestro remediar.

  Que si vos no remediáis
doy la vida por perdida;   5
si remedio me negáis
yo no siento a quién lo pida.
Pues por vos pierdo la vida
por vos la puedo cobrar,
que no hay otro remediar.   10

7 *no siento:* "no entiendo".

Contentaros y serviros
es el fin de mi desseo,
mis cuidados y sospiros
por vos sola los posseo;
y ningún remedio veo   15
que pueda remedio dar
sino vuestro remediar.

Fin.

Vos sola sois el remedio
de mi mal y perdimiento,
y sin vos no sé qué medio   20
ponga medio en mi tormento.
Assí que cobro no siento
para me poder cobrar
sino vuestro remediar.

73

VILLANCICO

No te tardes que me muero,
carcelero,
no te tardes que me muero.

Apressura tu venida
porque no pierda la vida,   5
que la fe no está perdida:
carcelero,
no te tardes que me muero.

Bien sabes que la tardança
trae gran desconfiança;   10
ven y cumple mi esperança:
carcelero,
no te tardes que me muero.

Sácame desta cadena,
que recibo muy gran pena   15
pues tu tardar me condena:
carcelero,
no te tardes que me muero.

La primer vez que me viste,
sin te vencer me venciste;   20
suéltame pues me prendiste:
carcelero,
no te tardes que me muero.

La llave para soltarme
ha de ser galardonarme,   25
proponiendo no olvidarme:
carcelero,
no te tardes que me muero.

Fin.

Y siempre cuanto bivieres
haré lo que tú quisieres   30
si merced hazerme quieres:
carcelero,
no te tardes que me muero.

74

VILLANCICO

Floreció tanto mi mal
sin medida
que hizo secar mi vida.

Floreció mi desventura
y secóse mi esperança;   5

19 *primer* = primera.

floreció mi gran tristura
con mucha desconfiança.
Hizo mi bien tal mudança
sin medida
que hizo secar mi vida.   10

    Hase mi vida secado
con sobra de pensamiento;
ha florecido el cuidado,
las passiones y el tormento.
Fue tanto mi perdimiento   15
sin medida
que hizo secar mi vida.

Fin.

    Secóse todo mi bien
con el mal que floreció.
No sé cúyo soy ni quién,   20
qu'el plazer me despidió.
Tanto mi pena creció
sin medida
que hizo secar mi vida.

75 *

VILLANCICO

    Vencedores son tus ojos,
mis amores,
tus ojos son vencedores.

    Fue de tal contentamiento
mi querer de tu beldad   5
que te di mi libertad

---

12 *pensamiento*: "preocupación".
  * Poema acróstico: las iniciales de las coplas deletrean el nombre
FRANCYSCA.

a troque de pensamiento,
y me hallo más contento
que todos los amadores:
mis amores,   10
tus ojos son vencedores.

Rematada está la cuenta
pues mi fe te da la paga,
que no hay cosa que no haga
por tener a ti contenta.   15
Yo no sé quién se arrepienta
de sufrir por ti dolores:
mis amores,
tus ojos son vencedores.

Aunque pongas duda en ella   20
tienes mi fe tan vencida
que por ti perder la vida
en poco tengo perdella.
¿Quién te puede ver tan bella
que en mirar no le enamores?   25
Mis amores,
tus ojos son vencedores.

No descuides mi cuidado,
mira bien cuánto te quiero,
que amador tan verdadero   30
no deve ser olvidado.
Mil passiones he passado
por alcançar tus favores:
mis amores,
tus ojos son vencedores.   35

Con esfuerço y osadía
de poderme llamar tuyo
no me temo ni rehuyo
cativarme, vida mía.

7 *a troque de pensamiento*: "a cambio de preocupación".

Tú, mi bien y mi alegría,   40
pones y quitas temores:
mis amores,
tus ojos son vencedores.

Y mi libertad cativa,
pues la tienes, ten por cierto   45
que seré mil vezes muerto
y la fe quedará biva.
Olvida de serme esquiva
porque mis bienes mejores:
mis amores,   50
tus ojos son vencedores.

Si bien sientes mi desseo
sentirás en tu memoria
que mirarte es tanta gloria
cuanto mal si no te veo: 55
assí que por ti posseo
amarguras y dulçores.
Mis amores,
tus ojos son vencedores.

Conformes creo que estamos: 60
plega a Dios que siempre sea,
y lo que el uno dessea
ambos juntos lo queramos,
y muy buena fe tengamos
y las obras muy mejores.   65
Mis amores,
tus ojos son vencedores.

Fin.

Agora por no enojarte
no te digo más de aquesto
sino que de aquí protesto   70
de ser tuyo sin errarte,
y jamás nunca olvidarte

aunque muestres disfavores.
Mis amores,
tus ojos son vencedores.   75

76

VILLANCICO

Ojos garços ha la niña:
¡quién gelos namoraría!

Son tan bellos y tan bivos
que a todos tienen cativos,
mas muéstralos tan esquivos   5
que roban el alegría.

Roban el plazer y gloria,
los sentidos y memoria;
de todos llevan vitoria
con su gentil galanía.   10

Con su gentil gentileza
ponen fe con más firmeza;
hazen bivir en tristeza
al que alegre ser solía.

Fin.

No hay ninguno que los vea   15
que su cativo no sea.
Todo el mundo los dessea
contemplar de noche y día.

2 *gelos* = se los.

77 *

VILLANCICO

Montesina era la garça
y de muy alto bolar:
no hay quien la pueda tomar.

Mi cuidoso pensamiento
ha seguido su guarida,   5
mas cuanto más es seguida
tiene más defendimiento.
De seguirla soy contento
por de su vista gozar:
no hay quien la pueda tomar.   10

Otros muchos la han seguido
pensando poder tomalla,
y quien más cerca se halla
tiene más puesto en olvido.
Harto paga lo servido   15
en sólo querer mirar:
no hay quien la pueda tomar.

Nunca vi tanta lindeza
ni ave de tal criança,
mas a quien tiene esperança   20
muéstrale mucha esquiveza.
Puede bien con su belleza
todo el mundo cativar:
no hay quien la pueda tomar.

Tiene tan gran hermosura   25
y es tan noble y virtuosa
que en presencia nadie osa

* Poema acróstico que forma el nombre MONTESYNA.

descubrirle su tristura.
Es de dichosa ventura
el que sirve en tal lugar: 30
no hay quien la pueda tomar.

El que más sigue su buelo
le parece muy más bella;
por sólo gozar de vella
el trabajo le es consuelo.   35
Su mirar pone recelo
porque calle el dessear:
no hay quien la pueda tomar.

Si la sigo por halago
no me cree mi desseo;   40
si por mal perdidos veo
los servicios que le hago
quiérole pedir en pago
me dexe suyo llamar.
No hay quien la pueda tomar.   45

Y pues de tan alta suerte
le hizo Dios en estremo,
de ningún peligro temo
si es contenta con mi muerte.
Puede con su fuerça fuerte   50
ligeramente matar:
no hay quien la pueda tomar.

No quiero sino fatiga;
soy contento ser penado
pues que quiere mi cuidado   55
que sin descanso la siga,
y que pene y no lo diga,
pues es vitoria penar.
No hay quien la pueda tomar.

Fin.

   Assí que por muy dichoso   60
me siento por la servir,
aunque sienta mi bivir
trabajo muy trabajoso.
Quiero vida sin reposo
por huir de la enojar.   65
No hay quien la pueda tomar.

78

VILLANCICO

   Madre, lo que no queréis,
vos a mí no me lo deis.

   Que bien veis que no es razón
que cative el coraçón
y que ponga mi afición   5
con quien vos aborrecéis.

   Para vos buscáis amores
los más moços y mejores,
y a mí daisme los peores,
los más viejos que podéis.   10

   Si queréis que bien os quiera
y havéis gana que no muera,
en cosa tan lastimera
vos a mí no me habléis.

Fin.

   Donde no hay contentamiento   15
siempre bive el pensamiento
lastimado de tormento,
como vos muy bien sabéis.

Villancicos pastoriles

79

VILLANCICO

— Dime, zagal, qué has havido
que vienes despavorido.

— A la fe, Pelayo, que
yo te juro a buena fe
que nunca tal cosa fue   5
ni yo nunca tal he vido.

— Ven, ven acá, desalmado,
dime dó queda el ganado.
¿Cómo vienes desmayado?
¿Qu'es lo que te ha contecido?   10

— Yo que me iva con mi perro
a buscar tras aquel cerro
la mi vaca del cencerro,
¡hete viene gran sonido!

— Dime, dime qué son era,   15
pues sabes si yo lo viera
que luego te lo dixera
en haviéndolo sabido.

— Ángeles eran del cielo,
que me pusieron recelo,   20
mas después huve consuelo
con su canto bien regido.

6 *vido* = visto.
10 *contecido* = acontecido.

— Ora te digo, Pascual,
que tú estás no sé qué tal:
yo, cata, creo muy mal.   25
Cuido que estavas dormido.

— Yo los vi como te veo
cantando con gran desseo
"Gloria in excelsis Deo"
por un niño que ha nacido.   30

— Vamos, vamos a Belén
porque dél nuevas nos den.
Andémoslo todo bien:
sepamos quién ha parido.

— ¡Miefé! Si quisieres, vamos,   35
y luego luego partamos,
que más no nos detengamos
porque yo sea creído.

— Pues espera, beveremos,
y después acordaremos   40
porque muy mejor andemos,
que yo estoy muy desmaído.

— ¡O nunca te veas triste
que tal palabra dexiste,
porque con ella me diste   45
un deleite muy cumplido!

Fin.

— Partamos sin más tardar
a Belén, aquel lugar,
y no nos demos vagar
pues havemos ya bevido.

42 *desmaído* = desmayado.

80

VILLANCICO

Anda acá, pastor,
a ver al Redentor.

Anda acá, Minguillo,
dexa tu ganado,
toma el caramillo,   5
çurrón y cayado.
Vamos sin temor
a ver al Redentor.

No nos aballemos
sin llevar presente,   10
¿mas qué llevaremos?
Dilo tú, Lloriente:
¿qué será mejor
para el Redentor?

Yo quiero llevarle   15
leche y mantequillas,
y para empañarle
algunas mantillas,
por ir con amor
a ver al Redentor.   20

Con aquel cabrito
de la cabra mocha,
darle algún quesito
y una miga cocha,
que terná sabor,   25
sabor al Redentor.

9 *aballemos*: "vayamos".
24 *miga cocha*: "miga frita".

No piense que vamos
su madre graciosa
sin que le ofreçamos
más alguna cosa,   30
qu'es de gran valor,
madre del Redentor.

Fin.

En cantares nuevos
gozen sus orejas,
miel y muchos huevos   35
para hazer torrejas.
Aunque sin dolor,
parió al Redentor.

81 *

VILLANCICO

— Levanta, Pascual, levanta,
aballemos a Granada,
que se suena qu'es tomada.

Levanta toste priado,
toma tu perro y çurrón,   5
tu çamarra y çamarrón,
tus albogues y cayado.
Vamos ver el gasajado
de aquella ciudad nombrada,
que se suena qu'es tomada.   10

---

29 *ofreçamos* = ofrezcamos.
36 *torrejas* = torrijas: "rebanadas de pan empapadas en vino o leche, fritas, endulzadas, y embozadas en huevo".
 * Faltan todas las coplas menos la primera en el *CMP*. El villancico se compuso a raíz de la toma de Granada en 1492.
 4 *toste priado*: "pronto".

— Asmo cuidas que te creo.
¡Juro a mí que me chufeas!
Si tú mucho lo desseas
¡soncas! yo más lo desseo.
Mas alamiefé no veo   15
apero de tal majada.
Que se suena qu'es tomada.

— ¡Ora pese a diez contigo,
siempre piensas que te miento!
¡Ahotas que me arrepiento   20
porque a ti nada te digo!
And'acá, vete comigo,
no te tardes más tardada,
que se suena qu'es tomada.

— Déxate desso, carillo: 25
curemos bien del ganado,
no se meta en lo vedado,
que nos prenda algún morillo.
Tañamos el caramillo,
porque todo lo otro es nada.   30
Que se suena qu'es tomada.

— Pues el ganado se estiende,
déxalo bien estender,
porque ya puede pacer
seguramente hasta allende.   35
And'acá, no te estés ende,
mira cuánta de ahumada,
que se suena qu'es tomada.

— ¡O qué reyes tan benditos!
Vámonos, vámonos yendo,   40

---

12 *chufeas* = chufas (*chufar*, "hacer escarnio, burlarse").
16 *apero de tal majada*: "nada de esa índole".
35 *hasta allende*: aquí parece significar "hasta más tarde, hasta
   luego".
36 *ende*: "allí".

que ya te voy percreyendo
según oyo grandes gritos.
Llevemos estos cabritos
porque havrá venta chapada,
que se suena qu'es tomada.   45

  —Aballa, toma tu hato,
contaréte a maravilla
cómo se entregó la villa,
según dizen, no ha gran rato.
¡O quién viera tan gran trato   50
al tiempo que fue entregada,
que se suena qu'es tomada!

  —Cuenta, cuéntame las nuevas,
que yo estoy muy gasajoso,
mas no tomaré reposo   55
hasta llegar do me llevas.
¡Chapado zagal apruevas!
Dios nos dé buena jornada,
que se suena qu'es tomada.

  —Yo te diré cómo fue: 60
que nuestra reina y el rey,
luzeros de nuestra ley,
partieron de Santafé,
y partieron, soncas, que
dizen que esta madrugada.   65
Que se suena qu'es tomada.

  Luego allá estarán ya todos
metidos en la ciudad
con muy gran solenidad,

41 *percreyendo* = creyendo. Para estas formas seudorrústicas con
el prefijo *per*, véase H. López-Morales, *Tradición y creación...*,
pp. 181-182.
42 *oyo* = oigo.
44 *chapada*: "agradable, cómoda".
57 *Chapado zagal apruevas*: "ahora te portas (*aprobar*: "portarse, resultar") como un zagal sensato".

con dulces cantos y modos.   70
¡O claridad de los godos,
reyes de gloria nombrada!
Que se suena qu'es tomada.

¡Qué consuelo y qué conorte
ver por torres y garitas   75
alçar las cruzes benditas!
¡O qué plazer y deporte!
Y entraba toda la corte
a milagro ataviada.
Que se suena qu'es tomada.   80

Fin.

Por vencer con tal vitoria
los reyes nuestros señores,
demos gracias y loores
al eterno Rey de Gloria,
que jamás quedó memoria   85
de reyes tan acabada:
que se suena qu'es tomada.

82

VILLANCICO

— Nuevas te trayo, carillo,
de tu mal.
— Dímelas ora, Pascual.

— Sábete que Bartolilla
la hija de Mari Mingo   5
se desposó di domingo
con un garçón de la villa.

---

74 *conorte* = conforte, confortación.
1 *trayo* = traigo.
6 *di* = día.

He gran cordojo y manzilla
de tu mal
porque eres muy buen zagal.   10

  — Di si burlas o departes
o si lo dizes de vero,
porque en mal tan lastimero
no es razón que tú me enartes.
Yo hablé con ella el martes   15
so el portal,
mas nunca me dixo tal.

  — Yo te juro a san Rodrigo
que no te burlo ni miento,
porque a su desposamiento   20
me llamaron por testigo.
Créeme lo que te digo,
que este mal
te será muy desigual.

  — ¡Pese a diez con el cariño   25
que yo con ella tenía,
porque con su galanía
me ha burlado como a niño!
Tal descuetro y desaliño,
por mi mal,   30
me será más que mortal.

  — Si te tuviera amorío
sábete cierto y notorio
que aburriera el desposorio

---

8 *cordojo*: "congoja".
  manzilla: "lástima".
11 *departes*: "porfías" — con el fin de provocar una discusión.
14 *enartes*: "engañes".
24 *desigual*: "excesivo, extremado".
29 *descuetro*: "desconsuelo". Cf. Lucas Fernández, "descuetro y
  tristura" (*Farsas y églogas...*, ed. Cañete, Madrid, 1867, p. 4).
  Probablemente < *desconhorto* < *desconforto*.
  desaliño: "desconcierto".
34 *aburriera*: "abandonaría, dejaría".

con todo su poderío.   35
Su querer es muy crudío,
que en lo tal
no hizo de ti caudal.

— Lazerado yo, aborrido,
no hay dolor que assí me duela,   40
que en perder esta moçuela
el gasajo he ya perdido.
Estoy tan amodorrido
que muy mal
te conozco ya, Pascual.   45

— Tu cordojo y tu llanteo
me pone gran azedía,
que toda tu mancebía
has gastado en devaneo.
Muda, muda tu desseo   50
pues tu mal
es un mal muy principal.

— No puedo mostrar mudança
ni bivir sin su presencia,
que no trayo mi hemencia   55
sino tras su semejança.
Sufrir con desesperança
tanto mal
es cosa descomunal.

— Apacienta tu ganado,   60
procura buscar conorte.
Las fiestas date a deporte,
los jueves vete al mercado.

36 *crudío*: probablemente "cruel" aquí.
39 *aborrido*: "aborrecido".
47 *azedía*: "desabrimiento".
55 *hemencia*: (= vehemencia) "energía, fuerza".

No cuides en tal cuidado,
de lo cual   65
te puede venir más mal.

    — Ya no quiero el caramillo
ni las vacas ni corderos
ni los sayos domingueros
ni el capote de pardillo.   70
Ni quiero ya çurroncillo
ni cotral
ni yesca ni pedernal.

    — Ora, carillo, descruzia
de seguir esta zagala,   75
ni te quellotre su gala
ni tengas en ella huzia.
Dígote que era muy luzia;
de lo al
no te sabré dar señal.   80

                    Fin.

    — Aunque pese a quien pesare
juro a mí de siempre amalla,
de seguilla y remiralla
doquiera que la hallare.
A quien esto me estorvare,   85
si me val,
yo le daré mal final.

72 *cotral* = ¿cutral (buey viejo)? — pero el sentido es muy oscuro.
74 *descruzia*: "deja, desiste". Cf. Lucas Fernández, *Farsas y églo-
    gas...* (ed. Cañete, Madrid, 1867), p. 179:
                    Mudar quiero la costumbre,
                    descruciar quiero del mal.
76 *quellotre*: quillotre (*quillotrar*, "enamorar, cautivar").
77 *huzia*: "confianza".
78-80 Es difícil saber si aquí habla el amante decepcionado, recor-
    dando la belleza de su amada (y no pudiendo pensar en otra
    cosa), o su amigo, describiendo la boda.
86 *val* = vale.

83

VILLANCICO

—Daca, bailemos carillo
al son deste caramillo.

Ora que te vaga espacio,
salta, salta sin falseta,
aburre la çapateta   5
y nombra tu gerenacio,
que semejes del palacio
aunque seas pastorcillo.

—Alamiefé, no te ahuzio
ni quiero tu placentorio,   10
que estoy cargado de llorio
y en otros cuidos descruzio.
Otea mi despeluzio:
soncas, que estoy amarillo.

—Dusna, dusna el çamarrón,   15
sal acá, pese a San Junco,

4 *falseta* = ¿falsía? ("falta de solidez y firmeza") — es decir,
"salta con energía", o "con pie seguro".
5 *aburre*: aquí "gasta" (véase Bartolomé de Torres Naharro, *Pro-
palladia and Other Works...*, ed. J. E. Gillett, Bryn Mawr, 1951,
vol. 3, p. 227). Es decir, "da una zapateta".
6 *gerenacio* = generación, "linaje".
9 *Alamiefé*: "a fe mía".
 no te ahuzio: "no te creo".
10 *ni quiero tu placentorio*: "ni quiero compartir tu alegría".
11 *llorio* = lloro.
12 *en otros cuidos descruzio*: "me ocupo ahora en otros cuidados".
13 *despeluzio* = despeluzamiento.
14 *soncas*: "¡caramba!".
15 *dusna*: "quita".
16 *San Junco*: santo probablemente de la propia invención de Encina.

riedro vaya el despelunco,
ponte en el corro en jubón.
¡Mira qué agudillo son
para salto con gritillo!   20

— Asmo qué cuidas ¡qué ha!
Maginas que estoy chufando.
Dígote par Dios jurando
que mal de muerte me va;
y a ti poco se te da,   25
no te duele mi omezillo.

— Nunca vi, por mi salud,
zagal tan sin gasajado.
De contino estás asmado,
triste, flaco, sin virtud.   30
No gozas la juventud:
yo de ti me maravillo.

— Despés que por mi pesar
desposaron a Bartola,
jamás una ora sola   35

---

17 *riedro* = redro.
   despelunco: "despeluzamiento, erizamiento". Cf. Lucas Fernández:

>   Lleno estoy de medrosía.
>   Ya me llate el corazón
>   Con pasión;
>   ....
>   La greña se me spelunca;
>   Tómame pasmo y terito
>   ....

>   (*Farsas y églogas*, ed. Cañete, p. 86).

21 *Asmo qué cuidas*: "adivino lo que piensas".
22 *maginas* = imaginas.
26 *omezillo*: aquí "resentimiento".
28 *gasajado* = agasajado, aquí con el sentido de "buen ánimo" o
   "placer, regocijo".
29 *asmado*: "absorto". "ASMAR. Es quedarse un hombre suspenso
   y pensativo, traspuesto en la consideración de alguna cosa, y
   que por aquel tiempo casi no respira" (Sebastián de Covarrubias, *Tesoro de la lengua castellana*, 1611; ed. Riquer, 1943).

en gasajo pude estar.
Vamos siquiera a passar
por su puerta, Pascualillo.

— ¿Qué quieres a Bartolilla?
Que ella y otra su vezina   40
carra San Juan del Enzina
son idas a la vigilla.
Si has cariño de seguilla
vamos sin más comedillo.

— Abállate, no engorremos,   45
que ora me diste la vida,
y vamos muy de corrida,
que soy sano si la vemos.
Y el caramillo llevemos
para hazelle un sonezillo.   50

— Si quieres, vamos de huzia,
y ponte de repiquete.
Yo te daré un bicoquete
a fuera del Andalúzia,
y la mi espada muy luzia,   55
y el puñal con su cuchillo.

— Pues también me has de prestar
el tu jubón colorado,
y el cinto claveteado

---

36 *gasajo* = agasajo, "buen ánimo" o "placer, regocijo".
41 *carra*: "hacia, a".
42 *vigilla* = vigilia.
44 *comedillo* = comedirlo, "pensarlo, meditarlo".
45 *engorremos*: "tardemos".
51 *de huzia*: "con confianza".
52 *repiquete*: voz de sentido dudoso aquí. Posiblemente está rela-
cionada con el verbo *repicarse* (= *picarse*, "picarse, preciarse,
presumir"), así que la frase *ponte de repiquete* vendría a significar "ponte el vestido en que más presumes de elegante".
53 *bicoquete*: "borrachera".
54 *a fuera del Andalúzia*: "a fuer de...". En *Andalúzia* conserva-
mos el acento de la edición de 1496 (exigido en todo caso por
consideraciones métricas).

para salir a bailar,   60
porque no quiero llevar
otra capa ni capillo.

— Plázeme de buena miente
de te dar todo mi hato.
Mas aliña, que ha gran rato   65
que está allá toda la gente.
Guárdate bien de Lloriente,
no comience de sentillo.

Fin.

— ¡O cuán bien has razonado!
¡Dios te cumpla tus aqüestes!   70
Nunca te falte que emprestes,
siempre seas remediado.
Andemos ora priado,
y allá muy passo a passillo.

84

VILLANCICO

— Una amiga tengo, hermano,
galana de gran valía.
— ¡Juro a diez, más es la mía!

— Júrote para San Gil
que si tú la conociesses   5

63 *miente*: "gana, voluntad".
65 *aliña*: aquí parece significar "despacha". También es posible
   "arréglate, aséate", aunque esto parece menos apropiado, pues
   el que habla evidentemente quiere meterle prisa a su compañero.
70 *aqüestes*: voz de sentido dudoso aquí. Si efectivamente se trata
   de *aqüestes* ("cuestión, riña"), la frase podría significar: "Dios
   resuelva felizmente tus litigios"; o tomando *aqüestes* en sentido más amplio, "Dios te colme de lo que deseas".

ahotas que no dixesses
haver otra más gentil.
No puede ser entre mil
otra de más galanía.
—¡Juro a diez, más es la mía!   10

— Ufano muestras que estás:
sábete, y no te alboroces,
que si la mía conoces
yo cuido que te asmarás.
— Ota, mira, verás   15
que en beldad y loçanía
¡juro a diez, más es la mía!

— Al demoño me semejas,
bien sabes de garatusas.
Pues de la verdad rehusas   20
aburramos las ovejas.
Vamos ver las zagalejas:
no estaremos en porfía.
—¡Juro a diez, más es la mía!

— No pienses que no barrunto   25
tus lazos y guadramañas.
Aunque piensas que me engañas
yo sé más qu'el diablo un punto.
Por la tuya te pregunto:
dime si es la que solía.   30
—¡Juro a diez, más es la mía!

—De la mía tú te sabe
qu'es muy garrida zagala.
Tiénete tanta de gala
que en el cuerpo no le cabe.   35
No sé cómo te la alabe:

---

6 *ahotas*: "a la verdad".
14 *te asmarás*: "te quedarás atónito" (véase **83**, 29).
18 *demoño* = demonio.

mátame su donosía.
—¡Juro a diez, más es la mía!

—Es tan fuerte mi adamada
que mata con su figura.   40
En cuerpo y en gestadura
no hay otra tan repicada.
Siempre está recrestillada,
y más cuando se atavía.
—¡Juro a diez, más es la mía!   45

—La mía tiene buen hato,
buen copetón de cernejas;
en ojos y en sobrecejas
nadie le llega al çapato.
Echa cuando no me cato   50
un mirar de travessía.
—¡Juro a diez, más es la mía!

—Es mi dama muy aguda,
y en el traje medio dueña,
oxpretilla y aguileña,   55
no tuerta ni tartamuda,
no tetuda ni bocuda,
muy sabionda en demasía.
—¡Juro a diez, más es la mía!

—No marra cosa en su gesta.   60

37 *donosía* = donosura.
39 *adamada*: "galana".
43 *recrestillada*: evidentemente querrá decir "vestida con bizarría,
   engalanada" o algo por el estilo. Cañete, en su edición de Lucas Fernández, *Farsas y églogas...*, propone: "RECRESTELLADA.
   Rozagante, a punto".
42 *repicada*: ¿"galana"?
47 *buen copetón de cernejas*: alaba a su dama en los mejores términos que se le ocurren — "tiene la cabellera tan hermosa como
   la crin del caballo".
55 *oxpretilla*: "con ojos negros". La variante *ogiprieta* del *CMP*
   ayuda a aclarar el sentido.
60 *marra*: "MARRAR. Lo mismo que faltar" *(Diccionario de Auto-
   ridades)*.

Tiene buenas mamilleras,
buena boca sin boheras,
buenos molares y tiesta,
buenas nachas, bien dispuesta:
tiene en todo mejoría.   65
— ¡Juro a diez, más es la mía!

— Zagala de buen aliño
es la mía más que todas.
Baila muy bien en las bodas,
de lo que yo más me ciño.   70
Téngole muy gran cariño,
que mil saludes me envía.
— ¡Juro a diez, más es la mía!

— Ya tú sabes que en abono,
aunque pese a San Capacho,   75
que te tiene ella buen cacho,
sin donas que yo le endono.
Pues contigo me razono,
contarte he su valería.
— ¡Juro a diez, más es la mía!   80

— No se viste mi querida
sino paños de color.
De joyas de gran valor
siempre está muy bien guarnida;
saya plegada y frunzida   85

---

61 *mamilleras* = mamulleras (< *mamullar*, "mascar"): "quijadas".
62 *boheras* = ¿boqueras? *Diccionario histórico de la lengua española*, Madrid, 1933: "BOHERA... Bocera o boquera (enfermedad de los labios)". Este verso es la única autoridad que cita.
63 *molares* (*mollares* en el texto original de 1496): "muelas".
    tiesta: cabeza.
64 *nachas*: "narices" en germanía.
75 *San Capacho*: otro santo inventado.
76-77 *que te tiene ella buen cacho / sin donas que yo le endono*: "está bien acomodada, sin los regalos que yo le doy". En *te tiene* el pronombre es un dativo de interés que sobra para el sentido.
79 *valería*: "riqueza, posesiones". Es fusión de *valer* y *valía*.

a fuer de la serranía.
—¡Juro a diez, más es la mía!

—Azul se viste y pardillo
la de quien soy namorado,
adoques de colorado   90
y las cintas de amarillo;
buena gorguera y texillo,
cercillos, botonería.
—¡Juro a diez, más es la mía!

—Mi dama buen capillejo,   95
y alfardas bien orilladas,
buenas bronchas granujadas,
buen mantón del tiempo viejo,
y çapatas de bermejo
y faxa de polecía.   100
—¡Juro a diez, más es la mía!

—En somo de las laderas,
por los valles, por los cerros,
ándole buscando berros,
cornezuelos y azederas.   105
Sírvola de mil maneras
por le dar más alegría.
—¡Juro a diez, más es la mía!

—Tráyotele tortolillas,

89 *namorado* = enamorado.
90 *adoques*: "cordón para sujetarse los zaragüelles o pantalones
   interiores" (*Diccionario histórico de la lengua española*, fas-
   cículo 6.º, Madrid, 1965).
96 *alfardas*: adornos que usaban las mujeres antiguamente, pero
   se desconoce la forma.
97 *bronchas* = brochas.
   granujadas = agranujadas, quizá "cuajadas de joyas".
100 *polecía* = policía, "limpieza, aseo".
102 *en somo*: "encima".
105 *cornezuelos*: como se trata de alguna delicadeza culinaria, serán cornatillos (una especie de aceituna).
109 *Tráyotele*: "le traigo" — *te* es un dativo de interés.

assisones y abutardas,   110
páxaras blancas y pardas,
cogujadas y abubillas,
belloritas, maravillas
y gavanças cada día.
— ¡Juro a diez, más es la mía!   115

— Repullo mil chançonetas,
úrdole mil remoquetes,
hágole mil sonsonetes,
cálçole mil çapatetas.
Tráyole mil berbelletas   120
y aún ella más merecía.
— ¡Juro a diez, más es la mía!

— Ora juro a non de Dios,
tus trobas y cantilenas
que dizen que son ajenas   125
y el dueño tú no lo sos.
Desenártote entre nos
aunque estás en terrería.
— ¡Juro a diez, más es la mía!

— ¡Bien me plaze dessa ñota!   130
¡Hidesputas rabadanes! —
ladran detrás como canes
y no saben una jota.

110 *assisones* = sisones.
113 *belloritas* = vilortas o vilortos, "clemátides".
114 *gavanças* = agavanzos.
120 *berbelletas*: "Es un calzado de unas zapatillas, de una suela
    muy a propósito para las mozas de servicio..." (Sebastián de
    Covarrubias, *Tesoro de la lengua castellana,* 1611; ed. Riquer,
    1943).
123 *non* = nombre.
126 *sos*: "eres".
127 *desenarto*: "descubro" (en el sentido de "desenmascarar").
128 *terrería*: "amenaza terrorífica" — "aunque adoptas un ademán
    tan amenazador".
130 *ñota* = nota, "reparo o censura desfavorable". Para esta y
    otras formas palatales, véase H. López-Morales, *Tradición y
    creación...,* p. 179.

No les daré más bellota
del enzinal que solía.   135
—¡Juro a diez, más es la mía!

Fin.

—Otearte quiero ya
de buen llotro y de buen rejo,
qu'el cordojo y sobrecejo
ya quitando se me va.   140
Anda, carillo, anda acá,
dexemos la temosía.
—¡Juro a diez, más es la mía!

85

VILLANCICO

—Pedro, bien te quiero
maguera vaquero.

Has tan bien bailado,
corrido y luchado,
que me has namorado   5
y de amores muero.

—A la fe, nuestr'ama,
ya suena mi fama,
y aun pues en la cama
soy muy más artero.   10

—No sé qué te diga.
Tu amor me fatiga:

138 *de buen llotro*: "con cariño, afectuosamente".
   de buen rejo: ¿"con fijeza"?
142 *temosía*: "porfía, testarudez".
  5 *namorado* = enamorado.
 10 *artero*: "mañoso, hábil".
 12 *tu amor*: "el amor que te tengo".

tenme por amiga,
sé mi compañero.

— Soy en todo presto,   15
mañoso y dispuesto,
y en ver vuestro gesto
mucho más me esmero.

— Quiero que me quieras
pues por mí te esmeras;   20
tengamos de veras
amor verdadero.

Fin.

Nuestr'ama, señora,
yo nací en buen ora.
Ya soy desde agora   25
vuestro por entero.

86

VILLANCICO

— ¿Quién te traxo, cavallero,
por esta montaña escura?
— Ay, pastor, que mi ventura.

— Para el cuerpo de San Polo,
que estoy asmado de ti.   5
¿Quién te arribó por aquí,
tan lagrimoso y tan solo?
Yo cuidé que eras Bartolo,
un pastor de Estremadura
que aprisca en aquella altura.   10

4 *San Polo*: ¿San Pablo?

— Pluguiera a Dios que yo fuera
esse rústico pastor,
porqu'el falso de amor
sujeto no me tuviera.
Ando muerto sin que muera   15
cual te muestra mi figura,
que bivir ya no procura.

— ¿Y cuidas tú, palaciego,
que a nosotros los pastores
no nos acossan amores   20
ni nos percunde su fuego?
Miefé, yo dellos reniego,
que aun aquí en esta espessura
no perdonan criatura.

— Pues dizes que sois heridos   25
y en amores padecéis,
dime qu'es lo que hazéis
para ser de amor queridos.
Que no pueden mis sentidos
ni discreción ni cordura   30
hazer mi vida segura.

— Dígote que una zagala
me ha traído amodorrido,
mas hétela perseguido
hasta deslindar su gala.   35
Y otra que dizen Pascuala,
de muy huerte gestadura,
trayo agora en aventura.

— Triste de mí, desdichado,
sin ventura soy perdido,   40

21 *percunde*: forma rústica de *percudir* ("herir, atacar" aquí).
34 *hétela*: *te* es superfluo, siendo otro caso del dativo de interés.
35 *deslindar*: como el sentido normal de *deslindar* no cuadra aquí,
parece tratarse de *des + lindar* (alindar): "desarreglar, descom-
poner" — es decir, retozar a la moza.
37 *huerte gestadura*: "cara impresionante" (por su belleza).

que me tiene despedido
quien me tiene cativado.
Quiero ya tener cuidado
de buscar la sepultura,
pues mi mal es sin mesura.   45

— Dime, dime quién tú sos,
y endílgame quién es ella.
No quellotres tu querella
aunque pese a non de Dios.
Vámonos ambos a dos   50
y mostrarte he una verdura
donde tomes gran holgura.

— Desque ya perdí la gloria
de quien me negó por suyo,
ni yo sé quién soy ni cúyo   55
ni de mí tengo memoria.
Ha ganado tal vitoria
en amar mi desventura
qu'el plazer es mi tristura.

— Descordoja ya tu saña,   60
desensaña tus cordojos.
Dexa ya holgar tus ojos
siquiera en esta montaña.
Vámonos a mi cabaña,
que allí tengo albergadura,   65
y gran abondo y hartura.

— Consolando, más me hieres.
Vete ya, que se va el día.
Dios te dé tanta alegría
cuanta tú para mí quieres.   70
Yo no sé, pastor, quién eres

46 *sos*: "eres".
48 *quellotres* = quillotres: "no encones tu dolor".
49 *non* = nombre.
66 *abondo*: "abundancia".

que te duele mi amargura,
la cual ya no sufre cura.

—Yo soy Domingo Pascual,
carillo de la vezina,　　　　　　　　75
y es mi choça so un enzina,
la mayor deste enzinal.
Duéleme tanto tu mal
en ver tu pena tan dura
que estoy sin semejadura.　　　　　80

　　　　Fin.

—Por tu ser, a mí me plaze
desta noche estar contigo,
aunque de cierto te digo
que muy duro se me haze.
Pues el plazer me desplaze　　　　85
y mi muerte se apressura,
ya mi vida no es de tura.

87

VILLANCICO

—Ya soy desposado
nuestr'amo,
ya soy desposado.

—Dime, dime Mingo
de tu buen estrena.　　　　　　5
—Miefé, ayer domingo,
Dios en ora buena,

80 *sin semejadura*: ¿"que no hay quien se me parezca (de tan do-
lorido)"?
87 *tura* = dura.
5 *estrena*: "novedad, paso".

con la que me pena,
nuestr'amo,
ya soy desposado.   10

— ¿Qu'es lo que te han dado
con tu desposada?
— Harto de ganado
y casa alhajada,
y moça chapada: 15
nuestr'amo,
ya soy desposado.

— ¿Qué ganado sacas
que te den de vero?
— Un buey y dos vacas,   20
y más un otrero
con todo su apero:
nuestr'amo,
ya soy desposado.

— ¿No te dan con esso   25
otra res alguna?
— Un burro bien gruesso
y una res porcuna,
y aun otra ovejuna.
Nuestr'amo,   30
ya soy desposado.

— Pues te vaga espacio,
cuéntame su gesta.
— Es de buen gernacio,
galana y dispuesta,   35
aliñosa y presta.
Nuestr'amo,

---

21 *otrero*: posiblemente una deformación rústica de *hatero* ("caballo o jumento que lleva el hato de los pastores").
33 *cuéntame su gesta*: "descríbeme su apariencia" o "dime cómo
es ella".
34 *gernacio* = generación, "linaje".

ya soy desposado.

—¿Es quiçá vezina
de allá de tu tierra?   40
— Yo soy del Enzina
y ella es de la sierra
que me dava guerra.
Nuestr'amo,
ya soy desposado.   45

— Deslíndame luego
sus deodos juntos.
— Son ella y el crego
carmenos conjuntos,
que sacar por puntos.   50
Nuestr'amo,
ya soy desposado.

— ¿Qué diste a las vistas?
— La vista primera,
alfarda con listas,   55
y faxa y gorguera,
cinta dominguera.
Nuestr'amo,
ya soy desposado.

—¿Saya no le diste   60
para andar preciada?
— Una que se viste
añir torquesada
de manga trançada.
Nuestr'amo,   65

47 *deodos* = deudos.
48 *crego* = clérigo.
49 *carmenos* = cormanos, "primos hermanos".
50 *sacar por puntos*: Mingo parece querer decir que es un paren-
    tesco algo complicado que habría que aclarar punto por punto.
56 *faxa* = faja.
63 *añir torquesada* = añil turquí: es decir, azul turquí.
64 *tranzada* = trenzada.

ya soy desposado.

— Tu dar me semeja
de buen repiquete.
— Çapata bermeja
y mucho alfilete 70
y buen cordoncete.
Nuestr'amo,
ya soy desposado.

— Bien topó contigo,
no sé si me enartas. 75
— Ha pues, no te digo,
cercillos y sartas
y otras cosas hartas.
Nuestr'amo,
ya soy desposado. 80

—¿Y allí sí vinieron
muchos zagalejos?
— Y aun barveza dieron
a largos concejos,
a moços y a viejos. 85
Nuestr'amo,
ya soy desposado.

— ¿Huvo barraganes
en alguna lucha?
— Pastores y aldranes 90
y otra gente mucha.
Otea y escucha:

68 *de buen repiquete*: ¿"airoso, bizarro"? (Véase nota a **83**, 52.)
70 *alfilete* = ¿alfiler?
75 *enartas*: "engañas".
83 *barveza*: "refacción abundante" según Cañete en su edición de
   Lucas Fernández, *Farsas y églogas*...
84 *largos concejos*: "concurrencias numerosas".
88 *barraganes*: "mozos".
90 *aldranes*: "mayorales".

nuestr'amo,
ya soy desposado.

— Veamos: ¿llevaste   95
la tu fedegosa?
—¡Pesar de Santiaste!
¿Quién lleva tal cosa
a ver a su esposa?
Nuestr'amo,   100
ya soy desposado.

— ¿Tocaste las quinas
de tu caramillo?
— Y al trocar las cintas,
mucho cantarcillo.   105
Diome aqueste orillo.
Nuestr'amo:
ya soy desposado.

—¡Cuánta castañeta,
Mingo, por el cielo!   110
— Y aun qué çapateta
dava allí un moçuelo
a tremer el suelo!
Nuestr'amo,
ya soy desposado.   115

— La buena pro haga,
pues no se te escusa.
— Agora, Dios praga,
ya di sobrehusa

96 *fedegosa*: "zamarra" (de *vedijosa*).
97 *Santiaste*: otro santo imaginario.
102 *quinas*: "quintas" (en la música), pero aquí es una sinécdoque
     por "notas" en general.
104 *trocar las cintas*: frase que no hemos podido dilucidar.
113 *a tremer el suelo*: "con tal fuerza que hacía temblar el suelo".
118 *praga*: "plazca".
119 *sobrehusa*: "chiste o dicho gracioso con que se califica una
     persona": es decir, en la fiesta, como es la costumbre en tales
     sitios ("allá do se usa").

allá do se usa. 120
Nuestr'amo,
ya soy desposado.

— ¿Qué le diste en donas,
que te dé Dios vida?
— Lo que otras personas
dan a su querida: 125
cosa bien garrida.
Nuestr'amo,
ya soy desposado.

—¿Manto de bermejo
hasle ya donado? 130
— Y aun buen capillejo
de hilo trenado
azul y morado.
Nuestr'amo,
ya soy desposado. 135

— ¿Dístele, vaquero,
sortija de prata?
— Buen rebolvedero,
buen çueco y çapata,
qu'es moça que mata. 140
Nuestr'amo,
ya soy desposado.

— Aburre los celos,
tenla repicada.
— Sobarvos y velos, 145
camisa labrada
de estopa delgada.

---

137 *prata* = plata.
138 *rebolvedero* = envolvedero, "paño que sirve para envolver". Así
   lo entiende Nebrija en su *Vocabulario español-latino*, donde lo
   traduce por *involucrum* ("envolvedor").
144 *tenla repicada*: ¿"tenla en mucha estima"? Pero véase 84, 42.
145 *sobarvos*: ¿prendas o adornos para llevar debajo de la barba?

Nuestr'amo,
ya soy desposado.

— Para bien te sea.   150
¿Dístele más dones?
— A fuer del aldea,
saya de mangones
como otros garçones.
Nuestr'amo,   155
ya soy desposado.

— ¡Qué donas honradas,
llobado, Minguillo!
— Y aun mangas brocadas
le di de amarillo,   160
y bolsa y texillo.
Nuestr'amo,
ya soy desposado.

— De axuar de casa
no te dexen mondo.   165
— Soncas, ya se envasa
todo bien abondo,
chapado y redondo.
Nuestr'amo,
ya soy desposado.   170

— ¿Dos camas de ropa
havrás tales cuales?
— Sávanas de estopa,
hietro y cabeçales,
mantas y costales.   175

158 *llobado* = lobado ("tumor"): exclamación rústica. Cf. Lucas
    Fernández: "¡llobado renal te mate!" (ed. Cañete, p. 34).
161 *texillo* = tejido ("especie de trencilla de que usaban las muje-
    res como ceñidor").
166-7 *se envasa todo*: Mingo habla en lenguaje figurado: "se va pro-
    veyendo todo".
167 *bien abondo*: "muy abundantemente".
174 *hietro*: probablemente = hieltro ("fieltro").

Nuestr'amo,
ya soy desposado.

— Si tal es el hecho,
soy en que te veles.
— Darme han antelecho   180
frundas y receles,
y mesa y manteles.
Nuestr'amo,
ya soy desposado.

—¿Y darte han almario,   185
arca y espetera?
— Y aun de buen donario,
y trulla y caldera,
olla y cobertera.
Nuestr'amo,   190
ya soy desposado.

— Dente, dente jarro
y algún tajadero,
y aun colodra y tarro,
y un cántaro entero   195
con su coladero.
Nuestr'amo,
ya soy desposado.

—¿Darte han badilleja
y arganas y escaño?   200
— Cesto y gamelleja,

179 *soy en que te veles*: "mi parecer es que te veles" (*velarse*: "ce-
     lebrar la ceremonia nupcial de las velaciones").
180 *antelecho* = ¿antecama? ("especie de tapete para ponerlo delan-
     te de la cama").
181 *frunda* = funda.
185 *almario* = armario.
187 *donario* = donaire (< latín, *donarium*: véase J. Corominas,
     Diccionario crítico-etimológico de la lengua castellana, 4 tomos,
     Berna, 1954-1957, II, p. 188).
188 *trulla*: el sentido es dudoso, aunque evidentemente se trata de
     algún utensilio doméstico. Posiblemente es la *trulla* latina
     ("cazo"; y también una especie de sartén).

y escriño tamaño,
y aun antes de un año.
Nuestr'amo,
ya soy desposado.   205

   — También, pues, devrías
pedir otros hatos.
— Jarra y altamías,
barreñas y platos,
y dos o tres gatos.   210
Nuestr'amo,
ya soy desposado.

   — Dente algún dornajo,
rallo y assaderos.
— Y aun darme han un tajo,   215
y más, dos morteros
con su majaderos.
Nuestr'amo,
ya soy desposado.

   — Cucharón y caça   220
también lo demanda.
— Y artesa y cedaço
que aliñando se anda
y a mercar se manda.
Nuestr'amo,   225
ya soy desposado.

   — Mérquente unos pendes
para pendar lana.
— Si tú me los vendes,
antes de mañana,   230
y aun de buena gana.
Nuestr'amo,
ya soy desposado.

208 *altamías*: "tazas", o quizá "cazuelas de barro".
227 *pendes* = peines.

—Ella pida rueca
y un huso y tortera.   235
—Y aun gallina crueca
y otra ponedera,
y ánsar criadera.
Nuestr'amo,
ya soy desposado.   240

—Después, a la boda,
¿qué tal será el gasto?
—A la gente toda
hartalla a repasto,
todo muy abasto.   245
Nuestr'amo,
ya soy desposado.

—Yo seré el padrino:
gasta, no te duela.
—Pan y carne y vino,   250
ajo y mostazuela,
hasta tentijuela.
Nuestr'amo,
ya soy desposado.

—Todo te me engrilla,   255
dexa essos picaños.
—Y aun a mi esposilla
dártel'he otros paños,
paños muy estraños.
Nuestr'amo,   260
ya soy desposado.

---

236 *crueca* = clueca.
252 *hasta tentijuela* = hasta tentelejuela ("hasta no poder más":
Martín Alonso, *Enciclopedia del idioma,* 3 tomos, Madrid, 1958).
255 *te me engrilla*: "me cautiva, me enamora": el *te* es otro caso
del dativo de interés.
256 *dexa essos picaños*: "deja la compañía de esos holgazanes". El
CMP trae la variante "dexa a estos por asnos".
258 *dártel'he* = darle he ("le daré").

— Darle has otro manto
tú de tu dinero.
— Sí, si yo entre tanto
no debroco o muero,   265
mejor qu'el primero.
Nuestr'amo,
ya soy desposado.

— Dale con que vaya
buena vestidura.   270
— Buena sobresaya
verde o verde escura,
con botonadura.
Nuestr'amo,
ya soy desposado.   275

Fin.

— Asmado me dexas
muy en demasía.
— Y aun si más me aquexas,
más te contaría:
ende está otro día.   280
Nuestr'amo,
ya soy desposado.

88

VILLANCICO

Ay, triste, que vengo
vencido de amor
maguera pastor.

265 *debroco*: "caigo enfermo".
280 *ende está otro día*: "allí hay otro día" — es decir, para con-
    tar más.

Más sano me fuera
no ir al mercado   5
que no que viniera
tan aquerenciado:
que vengo, cuitado,
vencido de amor
maguera pastor.   10

Di jueves en villa
viera una doñata,
quise requerilla
y aballó la pata.
Aquella me mata,   15
vencido de amor
maguera pastor.

Con vista halaguera
miréla y miróme.
Yo no sé quién era   20
mas ella agradóme;
y fuese y dexóme
vencido de amor
maguera pastor.

De ver su presencia   25
quedé cariñoso,
quedé sin hemencia,
quedé sin reposo,
quedé muy cuidoso,
vencido de amor   30
maguera pastor.

Ahotas que creo
ser poca mi vida
según que ya veo

---

7 *aquerenciado*: "enamorado".
12 *doñata*: "dama".
27 *hemencia* = vehemencia: "fuerza, energía".

que voy de caída.   35
Mi muerte es venida,
vencido de amor
maguera pastor.

           Fin.

  Sin dar yo tras ella
no cuido ser bivo,   40
pues que por querella
de mí soy esquivo.
Y estoy muy cativo,
vencido de amor
maguera pastor.   45

                    89

               VILLANCICO

  Ya no quiero ser vaquero
ni pastor,
ni quiero tener amor.

  Bien pensé yo que nuestr'ama
me acudiera con buen pago,   5
mas cuanto yo más la halago
más ella se me encarama.
Pues me acossa de su cama
sin favor,
no quiero tener amor.   10

  Entré con ella a soldada
porque me mostró cariño,
mas por más que yo le aliño
no me quiere pagar nada.

---

40 *no cuido ser bivo*: "no me parece que vivo".

Pues es tan enterriada 15
sin sabor,
no quiero tener amor.

   Hele guardado el ganado
con un tiempo muy fortuno,
y aun, ¡ahotas!, que ninguno 20
lo tenga tan coreado.
Y pues que me da mal grado
por pastor,
no quiero tener amor.

   Yo labrava su labrança 25
y de sol a sol arava,
yo sembrava, yo segava
¡soncas! por le dar holgança.
Mas pues de mi tribulança
no ha dolor, 30
no quiero tener amor.

   Juro a mí que yo me embaço
de persona tan crudía;
pues es tal su compañía
no quiero más embaraço. 35
Ni quiero ser su collaço
ni pastor,
ni quiero tener amor.

Fin.

   Y aun, ¡pese a diez verdadero!,
con cuanto yo le he servido, 40
que ya estoy tan aborrido

---

15 *es tan enterriada*: "tiene tanta tirria, tanta mala voluntad".
20-21 *¡ahotas!, que ninguno / lo tenga*: el subjuntivo lo rige una frase sobreentendida, como por ejemplo *¡ahotas!, no creo que...*
21 *coreado* = curiado ("guardado, cuidado").
33 *crudía*: "áspera".
41 *estoy tan aborrido*: "siento tal despecho".

que de cordojo me muero,
ni ya quiero ser vaquero
ni pastor,
ni quiero tener amor.   45

90

VILLANCICO

— Dime Juan por tu salud,
pues te picas de amorío,
si es mal de amor el mío.

— Maginar deves, Dios praga.
¿Cómo quieres tú, Pascual,   5
que te diga yo tu mal
sin que me cuentes la llaga?
Si algún espacio te vaga
en este monte sombrío
cuéntame tu modorrío.   10

— Ay, triste, que todo el baço,
assadura y paxarilla,
todo se me desternilla
que no me queda pedaço.
Cada pierna y cada braço   15
siente muy gran dolorío.
¿Si es mal de amor el mío?

Cosa no puedo comer
aunque me muero de hambre,
tómame tan gran calambre   20
qu'es dolido de me ver:

42 *cordojo*: "congoja".
 4 *maginar* = imaginar.
10 *modorrío*: "enfermedad". Sustantivo formado del adjetivo *mo-
    dorrido* (= *amodorrido*).
16 *dolorío*: "dolor".

gran temblor y gran tremer,
muy gran pasmo y calofrío.
¿Si es mal de amor el mío?

Siempre estoy despeluncado,   25
que desmayo cada rato;
no conozco ya mi hato,
ando ya desojarado.
Nunca estoy sino cansado
aunque no de laborío.   30
¿Si es mal de amor el mío?

De mí tengo ya despecho,
no siento ningún abrigo.
Aunque me dan pan de trigo
ni aunque voy dormir so techo   35
nunca duermo ni aprovecho:
poco a poco me resfrío.
¿Si es mal de amor el mío?

Nunca dexo de pensar
puesto mano sobre mano;   40
cada passo me rellano
que no me puedo aballar;
gran gemir y solloçar,
que nunca jamás me río.
¿Si es mal de amor el mío?   45

Ando ya desmemorado
sin poder tomar reposo,
deslumbrado, muy pensoso,
muy cuidoso y descuidado.

---

23 *calofrío* = escalofrío.
25 *despeluncado*: "despeluzado, con el cabello erizado". Véase la
nota al núm. **83**, 17.
28 *desojarado*: voz no registrada en ningún glosario, pero que evidentemente significa "decaído, alicaído". Quizás esté relacio-
nada con *deshojar*.
41 *me rellano* = me aplano.

Piérdese todo el ganado,   50
Dios me tiene ya omezío.
¿Si es mal de amor el mío?

  Solía cuando más moço,
bien lo sabes tú, Juanillo,
repicar mi caramillo,   55
mi respingo y mi retoço.
Miefé, ya no me alboroço,
del gasajo me desvío.
¿Si es mal de amor el mío?

  Pariente primo segundo,   60
no te quiero dezir más.
En el gesto me verás
que ya no soy deste mundo,
que de pasmo me perhundo.
¿Cómo ya no desvarío   65
si es mal de amor el mío?

  — Pues aún quiero que me cuentes
este mal tan lastimero.
¿Dónde te tomó primero
y de cuándo acá lo sientes?   70
Aguza, para bien mientes,
esfuerça sin aborrío,
que de tu salud confío.

  — Percançóme esta passión
el día de la velada,   75
oteando a mi adamada,
aquélla del torrejón;
do sentí tal turbación

---

51 *omezío* = omecillo ("odio, rencor").
55 *repicar*: "tañer". Para el verso siguiente quizás haya que so-
   breentender otro verbo, tal como "enseñar".
56 *respingo*: aquí "réplica, respuesta aguda".
64 *me perhundo* = me hundo. Para estas formas seudorrústicas con
   el prefijo *per*, véase la nota al núm. **81**, 41.
72 *aborrío*: "fastidio, disgusto".
76 *adamada*: "galana".

que de mí ya desconfío.
¿Si es mal de amor el mío?   80

Llévame tras sí los ojos
dondequiera que la veo.
Cuánto más y más la oteo
siento más y más antojos;
y con todos mis enojos   85
para verla me atavío.
¿Si es mal de amor el mío?

Siento en mí tan gran cariño
que me quema como fuego.
Helo preguntado al crego: 90
no me sabe dar aliño.
Sobre esta razón me ciño,
que tú sabrás, yo lo fío,
si es mal de amor el mío.

—¿En cuál seso agora cabe?   95
¿Pues qué quieres que lo diga?
¿Que sepa yo tu fatiga
cuando el crego no la sabe?
No creas que yo me alabe,
ni con mi saber me engrío,   100
que no sé ni lo porfío.

— Aunque sos destos casares
de aquesta silvestre enzina,
tú sabrás dar melezina
a mis cuitas y pesares,   105
pues allá con escolares
ha sido siempre tu crío.
¿Si es mal de amor el mío?

90 *crego* = clérigo.
91 *no me sabe dar aliño*: "no me sabe encaminar".
102 *sos*: "eres".
104 *melezina*: medicina.

— Mía fe, Pascual, bien lo siento
aunque yo crego no soy,   110
que sonriendo me estoy
no conocer tal tormento.
Es amor tu perdimiento,
que bien siento su natío,
su amargor y saborío.   115

— Juro a mí que yo lo creo,
según sus ahincos son,
que me van al coraçón
los aguzos y el desseo.
Pues que sus males posseo,   120
di quién es este amorío,
si es mal de amor el mío.

— Es amor un no sé qué
que se engendra no sé cómo.
Yo ningún tino le tomo   125
aunque mucho suyo fue.
Sé que pone tanta fe
su forçoso poderío
que cativa el albedrío.

— Pues dime qué te parece   130
que devo, triste, hazer
para me poder valer
deste mal que siempre crece.
¿Con qué remedio guarece
el que está de amor sandío,   135
si es mal de amor el mío?

Fin.

— Si alguna zagala bella
amares sin ella amar,

115 *saborío*: sabor, gusto.
126 *fue* = fui.

ama tú en otro lugar
o la sigue hasta vencella.   140
Y si también te ama ella
no muestres tanto amorío,
que este consejo es el mío.

Poesías líricas
de las obras dramáticas

91 *

VILLANCICO

ÉGLOGA 2

Gran gasajo siento yo.
¡Huy ho!
Yo también, ¡soncas qué ha!
¡Huy ha!
Pues Aquél que nos crió   5
por salvarnos nació ya.
¡Huy ha! ¡Huy ho!
Que aquesta noche nació.

Esta noche al medio della,
cuando todo estava en calma,   10
por nos alumbrar el alma
nos nació la clara estrella,
clara estrella de Jacó.
¡Huy ho!
¡Alegrar todos! ¡Ahá!   15

---

* De la Égloga 2 (*Cancionero* de 1496), "representada en la noche de Navidad". Será de 1492, pues en la Égloga 1, representada en la misma ocasión, el pastor Juan (que personifica al
mismo Encina) está "alegre y ufano porque sus señorías le
havían ya recebido por suyo".

¡Huy ha!
Pues Aquél que nos crió
por salvarnos nació ya.
¡Huy ha! ¡Huy ho!
Que aquesta noche nació.   20

    En Belén, nuestro lugar,
muy gran claror relumbrea.
Yo te juro que esta aldea
todo el mundo ha de sonar
porque tal fruto nos dio.   25
¡Huy ho!
Gran honra se le dará.
¡Huy ha!
Pues Aquél que nos crió
por salvarnos nació ya.   30
¡Huy ha! ¡Huy ho!
Que aquesta noche nació.

    Una virgen concibiera
sin simiente de varón,
y virgen sin corrución   35
al Hijo de Dios pariera,
y después virgen quedó.
¡Huy ho!
Gran memoria quedará.
¡Huy ha!   40
Pues Aquél que nos crió
por salvarnos nació ya.
¡Huy ha! ¡Huy ho!
Que aquesta noche nació.

    Una virgen de quinze años,   45
morenica de tal gala
que tan chapada zagala
no se halla en mil rebaños.
¡Nunca tal cosa se vio!
¡Huy ho!   50
¡Ni jamás fue ni será!

¡Huy ha!
Pues Aquél que nos crió
por salvarnos nació ya.
¡Huy ha! ¡Huy ho!   55
Que aquesta noche nació.

Vámonos de dos en dos,
aballemos a Belén
porque percancemos bien
quién es el Hijo de Dios.   60
Gran salud nos envió.
¡Huy ho!
¡En Belén dizen que está!
¡Huy ha!
Pues Aquél que nos crió   65
por salvarnos nació ya.
¡Huy ha! ¡Huy ho!
Que aquesta noche nació.

Fin.

Ya rebulle la mañana;
aguijemos, qu'es de día.   70
Preguntemos por María,
una hija de Sant'Ana,
que ella, ella lo parió.
¡Huy ho!
¡Vamos, vamos, andá allá!   75
¡Huy ha!
Pues Aquél que nos crió
por salvarnos nació ya.
¡Huy ha! ¡Huy ho!
Que aquesta noche nació.   80

59 *percancemos*: "alcancemos, entendamos".
69 *rebulle*: "rompe" (el día).

92 *

VILLANCICO

ÉGLOGA 3

Esta tristura y pesar
en plazer se ha de tornar.

Tornaráse esta tristura
en plazer, gozo y holgura,
que Cristo en la sepultura   5
no puede mucho tardar.

En llegando a los tres días
gozaremos de alegrías,
qu'el Redentor y Mexías
tornará a ressucitar.   10

Ressucitará con gloria,
vencedor de gran vitoria.
Pongamos nuestra memoria
en siempre le contemplar.

Fin.

Pongamos nuestra esperança   15
en la bienaventurança,
pues que Cristo nos la alcança
muriendo por nos salvar.

---

* De la Égloga 3, sobre la Pasión (*Cancionero* de 1496). Probablemente es de 1493, si Encina siguió al imprimir las églogas
el orden en que las compuso.
9 *Mexías* = Mesías.

93 *

VILLANCICO

ÉGLOGA 4

Todos se deven gozar
en Cristo ressucitar.

Pues que su triste passión
fue para resurreción,
con muy gran consolación   5
nos devemos alegrar.

Cristo, por nos redemir,
gran passión quiso sufrir;
con su precioso morir
la vida nos quiso dar.   10

Si fue muy grande el dolor
el plazer es muy mayor
viendo a nuestro Redentor
de muerte ressucitar.

Fin

Por tan ecelente bien   15
las gracias a Dios se den,
digamos todos amén
por santamente acabar.

---

* De la Égloga 4 (*Cancionero* de 1496), sobre la Resurrección,
probablemente escrita en 1493.

94 *

VILLANCICO

ÉGLOGA 5

Roguemos a Dios por paz,
pues que d'Él sólo se espera,
qu'Él es la paz verdadera.

Él, que vino desd'el cielo
a ser la paz en la tierra,   5
Él quiera ser desta guerra
nuestra paz en este suelo.
Él nos dé paz y consuelo,
pues que d'Él sólo se espera,
qu'Él es la paz verdadera.   10

Mucha paz nos quiera dar
Él que a los cielos da gloria;
Él nos quiera dar vitoria
si es forçado guerrear;
mas si se puede escusar,   15
denos paz muy plazentera,
qu'Él es la paz verdadera.

Fin.

Si guerras forçadas son,
Él nos dé tanta ganancia
que a la flor de lis de Francia   20
la vença nuestro león.

---

* De la Égloga 5 (*Cancionero* de 1496), "representada en la noche postrera de carnal". Como "se sonava que el Duque... se
havía de partir a la guerra de Francia", la égloga probablemente se compuso en 1494.
21 *nuestro león*: alusión a las armas de Castilla.

Mas por justa petición,
pidámosle paz entera,
qu'Él es la paz verdadera.

95 *

VILLANCICO

ÉGLOGA 6

Hoy comamos y bevamos,
y cantemos y holguemos,
que mañana ayunaremos.

Por honra de Sant Antruejo
parémonos hoy bien anchos.   5
Embutamos estos panchos,
recalquemos el pellejo:
que costumbre es de concejo
que todos hoy nos hartemos,
que mañana ayunaremos.   10

Honremos a tan buen santo
porque en hambre nos acorra;
comamos a calca porra,
que mañana hay gran quebranto.
Comamos, bevamos tanto   15
hasta que reventemos,
que mañana ayunaremos.

Beve Bras, más tú Beneito.
Beva Pedruelo y Lloriente.

---

* De la Égloga 6 (*Cancionero* de 1496), "representada la mesma noche de antruejo", y por lo tanto también será de 1494 como la anterior.
4 *Sant Antruejo*: en su simplicidad los pastores personifican el día.
13 *a calca porra*: frase que no hemos podido dilucidar.

Beve tú primeramente;   20
quitarnos has desse preito.
En bever bien me deleito:
daca, daca, beveremos,
que mañana ayunaremos.

Fin.

Tomemos hoy gasajado,   25
que mañana vien la muerte;
bevamos, comamos huerte,
vámonos carra el ganado.
No perderemos bocado,
que comiendo nos iremos,   30
y mañana ayunaremos.

96 *

VILLANCICO

ÉGLOGA 7

Repastemos el ganado.
¡Hurriallá!
Queda, queda, que se va.

Ya no es tiempo de majada
ni de estar en çancadillas.   5
Salen las Siete Cabrillas,
la media noche es pasada,
viénese la madrugada.
¡Hurriallá!

21 *preito* = pleito.
26 *vien* = viene.
27 *huerte* = fuerte.
  * De la Égloga 7 (*Cancionero* de 1496), "representada en recuesta de unos amores".
5 *estar en çancadillas*: ¿tumbados?
6 *las Siete Cabrillas*: las Pléyades.

Queda, queda, que se va.   10

    Queda, queda acá el vezado.
Helo, va por aquel cerro.
Arremete con el perro
y arrójale tu cayado,
que anda todo desmandado.   15
¡Hurriallá!
Queda, queda, que se va.

    Corre, corre, corre bovo,
no te des tanto descanso.
Mira, mira por el manso,   20
no te lo lleven de robo.
Guarda, guarda, guarda el lobo.
¡Hurriallá!
Queda, queda, que se va.

    Del ganado derreniego,   25
y aun de quien guarda tal hato,
que siquiera sólo un rato
no quiere estar en sossiego,
aunque pese ora a San Pego.
¡Hurriallá!   30
Queda, queda, que se va.

    No le puedo tomar tino;
desatina este rebaño.
Otro guardé yo el otro año,
mas no andava tan malino.   35
Hemos de andar de contino.
¡Hurriallá!
Queda, queda, que se va.

11 *vezado*: ¿"manso"? (es decir, el carnero adalid).
29 *San Pego*: otro santo inventado.

Fin.

Aun asmo que juraría
que nunca vi tal ganado,   40
que si él fuese enamorado
no se nos desmanaría.
Ya quiere venir el día.
¡Hurriallá!
Queda, queda, que se va.   45

97 *

VILLANCICO

ÉGLOGA 8

Gasajémonos de huzia,
qu'el pesar
viénese sin le buscar.

Gasajemos esta vida,
descruziemos del trabajo;   5
quien pudiere haver gasajo,
del cordojo se despida.
¡Dele, dele despedida,
qu'el pesar
viénese sin le buscar!   10

Busquemos los gasajados,
despidamos los enojos;
los que se dan a cordojos
muy presto son debrocados.

---

42 *no se... desmanaría*: "no se escaparía de la manada".
 * De la Égloga 8 (*Cancionero* de 1496), "representada por las
   mesmas personas que en la de arriba". Uno de los personajes
   "en nombre de Juan del Encina llegó a presentar al Duque y
   Duquesa sus señores la copilación de todas sus obras". ¿Será,
   pues, de 1496?

¡Descuidemos los cuidados,   15
qu'el pesar
viénese sin le buscar!

De los enojos huyamos
con todos nuestros poderes;
andemos tras los plazeres,   20
los pesares aburramos.
¡Tras los plazeres corramos,
qu'el pesar
viénese sin le buscar!

Fin.

Hagamos siempre por ser   25
alegres y gasajosos;
cuidados tristes, pensosos,
huyamos de los tener.
¡Busquemos siempre el plazer,
qu'el pesar   30
viénese sin le buscar!

98 *

VILLANCICO

ÉGLOGA 8

Ninguno cierre las puertas
si Amor viniere a llamar,
que no le ha de aprovechar.

Al Amor obedezcámos
con muy presta voluntad;   5
pues es de necessidad,

---

27 *pensoso*: "pensativo", pero con matiz melancólico.
 * También de la Égloga 8.

de fuerça virtud hagamos.
Al Amor no resistamos,
nadie cierre a su llamar
que no le ha de aprovechar.   10

Amor amansa al más fuerte
y al más flaco fortalece;
al que menos le obedece
más le aquexa con su muerte.
A su buena o mala suerte   15
ninguno deve apuntar
que no le ha de aprovechar.

Amor muda los estados,
las vidas y condiciones;
conforma los coraçones   20
de los bien enamorados.
Resistir a sus cuidados
nadie deve procurar
que no le ha de aprovechar.

Aquél fuerte del Amor   25
que se pinta niño y ciego
haze al pastor palaciego
y al palaciego pastor.
Contra su pena y dolor
ninguno deve lidiar   30
que no le ha de aprovechar.

El qu'es ˙Amor verdadero
despierta al enamorado,
haze al medroso esforçado
y muy polido al grossero.   35
Quien es de Amor presionero
no salga de su mandar
que no le ha de aprovechar.

36 *presionero* = prisionero.

Fin.

El Amor con su poder
tiene tal juridición   40
que cativa el coraçón
sin poderse defender.
Nadie se deve asconder
si Amor viniere a llamar,
que no le ha de aprovechar.   45

99 *

VILLANCICO

ÉGLOGA 11

Torna ya, pastor, en ti.
Dime, ¿quién te perturbó?
¡No me lo preguntes, no!

Torna, torna en tu sentido
que vienes embelesado.   5
Tan linda zagala he vido
que es por fuerça estar asmado.
Parte comigo el cuidado:
dime, ¿quién te perturbó?
¡No me lo preguntes, no!   10

Pues que saber no te mengua,
da razón de tu razón.
Al más sabio falta lengua
viendo tanta perfeción.
Cobra, cobra coraçón: 15
dime, ¿quién te perturbó?
¡No me lo preguntes, no!

---

* De la Égloga 11, *Cristino y Febea*.
5 *embelesado*: *embelezado* en el texto original.

¿Es quiçás, soncas, Pascuala?
Cuido que deve ser ella.
¡A la fe, es otra zagala   20
que relumbra más que estrella!
¡Asmado vienes de vella!
Dime, ¿quién te perturbó?
¡No me lo preguntes, no!

Fin.

Essa tal, según que veo,   25
¡vayan al cielo a buscalla!
Es tan alta que el desseo
no se atreve a desseralla.
Porque te ayude a alaballa,
dime, ¿quién te perturbó?   30
¡No me lo preguntes, no!

100 *

VILLANCICO

ÉGLOGA 13

Hago cuenta que hoy ñací,
bendito Dios y lloado,
pues ño me hizon licenciado.

---

* De la Égloga 13, *Auto del repelón.* Aparece en la edición de
  1509 del *Cancionero* de Encina. Aunque ha sido controvertida,
  aceptamos la atribución a Encina. Véanse O. Myers, "Juan del
  Encina and the *Auto del repelón*", *Hispanic Review,* XXXII
  (1964); y el prólogo de H. López-Morales en su edición de las
  Églogas completas de Juan del Enzina, 2.ª ed. (Madrid, 1968).
  El lenguaje de esta obra es más "rústica" que el de las demás
  obras de Encina.
1 *ñací* = nací. Para la palatalización en el sayagués véase H. López-Morales, *Tradición y creación...,* pp. 177-179.
2 *lloado* = loado.
3 *ño* = no.

Norabuena acá venimos
pues que tan sabiondos vamos: 5
espantarse han nuestros amos
desta cencia qu'aprendimos.
Ya todo que lo perdimos
y las burras he olvidado,
pues ño me hizon licenciado.   10

El que llega a bachiller
llugo quiere más pujar;
mas quien ño quisiere entrar
a estudio ni deprender,
¡mira si lo havrá en prazer,   15
después de bien repelado,
destojar en licenciado!

101 *

VILLANCICO

ÉGLOGA 14

Si a todos tratas, Amor,
como a mí,
renieguen todos de ti.

No miras, Amor, ni catas
quien te sirve bien o mal: 5
a mí, que soy más leal,
más crüelmente me tratas.
Si a todos los otros matas
como a mí,
renieguen todos de ti.   10

En mí, que más fe posiste,

7 *cencia* = ciencia.
12 *llugo* = luego.
14 *estudio*: *studio* en el original.
* De la Égloga 14, *Plácida y Vitoriano*.

sembraste más desventura,
más dolores, más tristura,
más días de vida triste.
A los que tal pago diste   15
como a mí,
renieguen todos de ti.

No valen contigo ruegos,
fuerças, mañas ni razones;
al mejor tiempo me pones   20
en dos mil desassossiegos.
Si a todos tienes tan ciegos
como a mí,
renieguen todos de ti.

102 *

Circundederunt me:
dolores de amor y fe,
ay, circundederunt me.

Venite, los que os doléis
de mi dolor desigual,   5
para que sepáis mi mal.
Yo os ruego que no os tardéis
porque mi muerte veréis.
Dolores de amor y fe,
ay, circundederunt me.   10

Quoniam el dios de amor
me ha tratado en tal manera

* También de la Égloga 14. Este villancico abre la "Vigilia de la
enamorada muerta", una larga parodia amorosa del oficio de
difuntos.

que es forçado que yo muera
de muy sobrado dolor,
cercáronme en derredor   15
dolores de amor y fe,
ay, circundederunt me.

   ¿Cuius spiritus es
el alma de buen amante?
Quien primero va adelante   20
a la fin buelve al revés.
Siempre al cabo dan revés
dolores de amor y fe:
ay, circundederunt me.

   Hodie, los que me oís,   25
huid de seguir su vía,
do se pierde el álegría
y siempre en pena morís;
y queriendo me pedís
dolores de amor y fe: 30
ay, circundederunt me.

   Quadraginta annis passiones
nacen de su seguimiento,
en su más contentamiento
hay mil desesperaciones.   35
Son sus ciertos galardones
dolores de amor y fe:
ay, circundederunt me.

22-24 Estos versos y los 29-30 presentan graves problemas de puntuación.

103 *

ROMANCE

Triste España sin ventura,
todos te deven llorar.
Despoblada de alegría,
para nunca en ti tornar,
tormentos, penas, dolores   5
te vinieron a poblar.
Sembróte Dios de plazer
porque naciesse pesar;
hízote la más dichosa
para más te lastimar.   10
Tus vitorias y triunfos
ya se hovieron de pagar:
pues que tal pérdida pierdes,

---

* Un lamento por la muerte, ocurrida en Salamanca el 4 de octubre de 1497, del joven príncipe don Juan, hijo varón único de los Reyes Católicos. Encina intenta expresar el profundo dolor que la muerte del príncipe causó en el reino. Don Juan era débil de cuerpo, y se creía que habían minado su salud los excesos que cometiera durante el poco tiempo que llevaba casado con la princesa Margarita de Austria. Según testimonio de Pedro Mártir: "Preso en el amor de la doncella, ya está demasiado pálido nuestro joven Príncipe. Los médicos, juntamente con el Rey, aconsejan a la Reina que alguna vez que otra aparte a Margarita del lado del Príncipe, que los separe y les dé treguas, alegando que la cópula tan frecuente constituye un peligro para el Príncipe. Una y otra vez la ponen sobre aviso para que observe cómo se va quedando chupado y la tristeza de su porte; y anuncian a la Reina que, a juicio suyo, se le pueden reblandecer las médulas y debilitar el estómago. Le instan a que, mientras le sea posible, corte y ponga remedio al principio. No adelantan nada. Responde la Reina que no es conveniente que los hombres separen a quienes Dios unió con el vínculo conyugal" (Pedro Mártir de Anglería, epístola 176, *Epistolario*, trad. por José López de Toro, Madrid, 1953, I, p. 334).

En el *CMP* constan sólo los primeros cuatro versos de este romance. La versión entera, junto con nuestro núm. 104, se encuentra en un pliego suelto ahora en la biblioteca de la Hispanic Society of America.

dime en qué podrás ganar.
Pierdes la luz de tu gloria 15
y el gozo de tu gozar;
pierdes toda tu esperança,
no te queda qué esperar.
Pierdes Príncipe tan alto,
hijo de reyes sin par. 20
Llora, llora, pues perdiste
quien te havía de ensalçar.
En su tierna juventud
te lo quiso Dios llevar.
Llevóte todo tu bien, 25
dexóte su desear,
porque mueras, porque penes,
sin dar fin a tu penar.
De tan penosa tristura
no te esperes consolar. 30

104

VILLANCICO

A tal pérdida tan triste
buscarle consolación
claro está qu'es traición.

Todo nuestro bien perdemos
perdiendo Príncipe tal. 5
Pérdida tan desigual
no hay con qué la consolemos.
Ningún consuelo busquemos,
que buscar consolación
claro está qu'es traición. 10

Quien más consuela más yerra.
A tal mal tan sin consuelo
consuélelo Dios del cielo,

pues no hay consuelo en la tierra.
A dolor que da tal guerra   15
buscarle consolación
claro está qu'es traición.

   Traición es conocida
en dolor que tanto duele
buscar cómo se consuele   20
quien más muere con la vida.
A tal vida tan perdida
buscarle consolación
claro está qu'es traición.

   Biviendo vidas penadas   25
los que pierden tal tesoro,
no den descanso a su lloro
lágrimas muy aquexadas.
A dichas tan desdichadas
buscarles consolación   30
claro está qu'es traición.

   Aún más y más sentiremos
el perder que ya sentimos,
y aunque un día lo perdimos
cada día lo perdemos.   35
Pues tan gran pérdida vemos,
buscarle consolación
claro está qu'es traición.

Fin.

   Assí que fuerça forçada
y razón manda sufrir,   40
y cada día sentir
vida más desconsolada.
A tristura tan sobrada
buscarle consolación
claro está qu'es traición.   45

Poesías líricas de Encina
en el «Cancionero general»
(Valencia, 1511)

105 *

AQUÍ COMIENÇA UNA OBRA DE JUAN DEL ENZINA
LLAMADA ECO DIRIGIDA A LA MARQUESA DE COTRÓN

Aunque yo triste me seco
    Eco
Retumba por mar y tierra.
    Yerra
Que a todo el mundo importuna.   5
    Una
Es la causa sola dello.
    Ello
Sonará siempre jamás.
    Mas   10
Adondequiera que voy
    Hoy
Hallo mi dolor delante.
    Ante
Va con la quexa crüel,   15
    Él
Dando a la amorosa fragua
    Agua.
Soy de lágrimas de amar

* De los marqueses de Cotrón no hemos podido encontrar apenas noticias. Cotrón es el Cotrone medieval, ahora llamado
Crotone (por acercarse más al nombre griego Croton). Está si-
tuado en la provincia de Catanzaro, y fue anexado por Alfonso V. La marquesa habrá sido protectora de Encina durante
su estancia en Roma. El poema "Eco" vuelve a aparecer, con
ligeras variantes, en *Plácida y Vitoriano*. En España Encina parece haber sido el primero en escribir un poema con rimas-eco.
Para algunos datos generales véase M. Gauthier (= R. Foulché-
Delbosc), "De quelques jeux d'esprit", *"Revue Hispanique*,
XXXV (1915), pp. 1-76.

Mar   20
Y daría por más lloro
          Oro,
Que llorar me satisfaze.
          Haze
Desenconar mi postema.   25
          Tema
Tengo ya con el consuelo.
          Suelo
Buscar de doblar cuidado.
          Dado   30
Soy del todo a los enojos.
          Ojos,
Devéis ya con los sospiros
          Iros
A buscar la soledad.   35
          Dad
A mí la guía vosotros.
          Otros
No querrán a tal bivir
          Ir.   40
¿Quién es el que tal dessea?
          Ea
Amadores, ¿hay alguno?
          Uno
Es el mal que me destruye.   45
          Huye
La esperança y el remedio.
          ¿Medio
No tengo para mi mal?
          Al.   50
Que a mi triste sentimiento
          Miento
Y a mí mismo yo m'engaño.
          Año
M'es un solo día agora.   55
          Hora

50 *al*: "nada".

No tengo ya de reposo.
    Poso
Muy lexos de mis sentidos.
    Idos.   60
Son agora ya de buelo.
    Helo
Que lo que digo no sé.
    E,
Mi lengua, que ya desmayas,   65
    Hayas
Memoria del mal que passo.
    Asso
Mis entrañas en centellas.
    Ellas   70
Me queman el alma y vida.
    Ida
Es mi gloria toda entera.
    Era
Libre, y siervo agora bramo.   75
    Amo
Un mal con que me persigo.
    Sigo
Más amor do más hoviere.
    Hiere   80
Mi coraçón desdichado.
    Hado
Fue que triste me cubrió.
    Yo
No sé para qué me guardo.   85
    Ardo
De suerte que me refrío.
    Frío
Que me abrasa y yo consiento.
    Siento   90
Los contrarios que me aquexan.
    Quexan

---

87 *refrío*: *resfrío* en el original. Lo enmendamos de acuerdo con
la versión en *Plácida y Vitoriano* (aunque en general preferi-
mos la versión del *Cancionero general*).

De la muerte que me acabe.
    ¿Cabe
Dentro en mí tal desconcierto?   95
    Cierto
Que tiene con desatino
    Tino
Que jamás en cosa acierta
    Cierta.   100

106 *

ROMANCE

Cabe la isla del Elba
el buen Marqués de Cotrón
navegando a sus estados
fue de turcos en prisión,
y con él un hijo suyo   5
de gentil dispusición
con todos los servidores
que llevava a la sazón
el renegado Camali,
qu'era griego de nación,   10
lo llevó preso al Gran Turco

---

* Hay una alusión a la prisión del Marqués de Cotrón en Gon-
  zalo Fernández de Oviedo, *Las quinquagenas de la nobleza de
  España* (Madrid, 1880): "Fue este conde Pedro Navarro, por
  su nascimiento, navarro... e desde muchacho sirvió al marqués
  de Cotrón, cavallero del reino de Nápoles, el cual fue preso
  por turcos e llevado a Turquía: e en una nao del marqués
  anduvo este Pedro Navarro en curso... e hizo buenas cosas;
  por lo cual la marquesa, mujer del dicho marqués, e Don En-
  rique su hijo, le dieron la nao a Pedro Navarro. E continuan-
  do su curso, el año de 1499 años..." (pp. 437-438). De lo
  cual se deduce que el marqués habría sido preso antes de 1499.
9 *Camali*: Pedro Mártir escribió el 15 de octubre de 1509: "Di-
  cen de Roma que en el mar Adriático... una escuadra de trirre-
  mes pontificios y nuestros han entablado combate con el pi-
  rata Camali, asalariado del Gran Turco, almirante y compe-
  tente general en el arte marinera...". (*Epistolario*, trad. de
  J. López de Toro, tomo II, Madrid, 1955, p. 303).

sin más deliberación
en la gran Constantinopla,
que nos dio lamentación.
Y en cárceres muy estrechas   15
de gran desesperación,
con la barva muy crecida,
mudado traje y fación,
su vida penosa, triste,
no tiene comparación.   20
Su hijo murió en cadenas:
dolencia fue la ocasión,
qu'era moço y delicado
y de tierna complissión.
La marquesa vino en Roma   25
llorando su perdición,
cubierta toda de luto
con muy gran tribulación:
doña Leonor Centellas,
de noble generación,   30
fuente de toda nobleza,
espejo de discreción,
flor de liberalidad,
de primores perfeción,
de las invenciones gala,   35
de las galas invención,
sin reposo noche y día,
sin sossiego el coraçón
por enviar el rescate
para su liberación.   40
El triste marqués muy noble,
de gran sangre y condición,
cuatro años estuvo preso,
y antes más que menos son.
A cabo de tanto tiempo   45·
muerte fue su redención
porque renegar no quiso

15 *cárceres* = cárceles.
24 *complissión* = complexión.

la cristiana religión.
A rescate no mirando,
buena ni mala razón,   50
matáronle los crüeles
sin ninguna compassión,
y a sus criados delante
para darle más passión.
El marqués constante siempre   55
por la fe con devoción
quiso más sufrir la muerte
que a Dios hazer traición.
Murió como buen cristiano
con muy mucha contrición.   60
Piedad menguando en ellos
y en él creciendo afición,
su crüeza causa lloro,
su causa consolación.

107 *

VILLANCICO POR DESHECHO

No sé, triste, consolar
el dolor de quien bien quiero
sin llorarlo yo primero.

Consolar dolor que os duele
no sabré pues yo me duelo.   5
Quien ha menester consuelo
no sé cómo lo consuele.
Pues mal consolar se suele,
darle consuelo no quiero
sin llorarlo yo primero.   10

Mi mucho querer es tal

---

* La forma "deshecho" del título será una variante de "deshecha". No conocemos otro ejemplo.

y vuestro bien quiere tanto
que me da dolor y llanto
vuestro gran tormento y mal,
tan penoso y tan mortal   15
que consolar no lo quiero
sin llorarlo yo primero.

Primero quiero llorar
vuestro gran dolor con vos,
qu'en ser vuestro es de los dos,   20
y aún más mío en ser penar.
Assí que vuestro pesar
consolar no sé ni quiero
sin llorarlo yo primero.

Fin.

Verdad es que satisfaze,   25
para consolar cualquiera,
ver que cualquiera que muera
muere cuando a Dios le plaze.
Quien nos hizo nos deshaze
y a las vezes el postrero   30
es el que muere primero.

Poesías de Encina en el «Cancionero musical de Palacio»

108

Pues que jamás olvidaros
no puede mi coraçón,
si me falta galardón,
¡ay qué mal hize en miraros!

Será tal vista cobrar   5
gran dolor y gran tristura.

Será tal vista penar,
si me fallece ventura.
Mas si vos, por bien amaros,
queréis darme galardón,   10
no dirá mi coraçón:
¡Ay qué mal hize en miraros!

109 *

Mortal tristura me dieron,
según con tales dolores
mi bevir circundederunt,
donzella, vuestros amores.

Mis sospiros y cuidado   5
y deseo de serviros
me tienen tan trastornado
que me da causa deziros:
mortal tristura me dieron,
según con tales dolores   10
mi bevir circundederunt,
donzella, vuestros amores.

110

Partir, coraçón, partir
alegre para morir.

¿Que me aprovecha el querer
sin esperança tener?
No hay plazer que dé plazer   5
saviendo que ha de morir.

* Hemos añadido la vuelta (versos 9-12), que falta en el *CMP*.

111 *

Señora de hermosura
por quien yo espero perderme,
¿qué haré para valerme
deste mal que tanto dura?

Vuestra vista me causó   5
un dolor cual no pensáis,
que, si no me remediáis,
moriré cuitado yo.
Y si vuestra hermosura
procura siempre perderme,   10
no pienso poder valerme
deste mal que tanto dura.

Yo creo que mejor fuera
el morir cuando nací,
que no que siempre dixera   15
"Por venceros me vencí."
Que si vuestra hermosura
del todo quiere perderme,
no podré, triste, valerme
deste mal que tanto dura.   20

112

¡Cucú, cucú, cucucú!
Guarda no lo seas tú.

Compadre, debes saber
que la más buena mujer

---

* Esta composición está copiada en el *CMP* en grupos de cuatro versos: 1-4, 5-8, 13-16, 9-12, 17-20. Aceptamos la reconstrucción que da J. Romeu Figueras en su edición del *CMP*.

rabia siempre por hoder.   5
Harta bien la tuya tú.

Compadre, has de guardar
para nunca encornudar;
si tu mujer sale a mear
sal junto con ella tú.   10

113

Amor con fortuna
me muestra enemiga.
No sé qué me diga.

No sé lo que quiero,
pues busqué mi daño.   5
Yo mesmo m'engaño,
me meto do muero
y, muerto, no espero
salir de fatiga.
No sé qué me diga.   10

Amor me persigue
con muy cruda guerra.
Por mar y por tierra
fortuna me sigue.
¿Quién hay que desligue   15
amor donde liga?
No sé qué me diga.

Fortuna traidora
me haze mudança,
y amor, esperança   20
que siempre empeora.
Jamás no mejora

112: 5 hoder: palabra deliberadamente desfigurada en el MS, pero
      sin embargo legible.
113: 8 espero: MS spero.

mi suerte enemiga.
No sé qué me diga.

114 *

Una sañosa porfía
sin ventura va pujando.
Ya nunca terné alegría
ya mi mal se va ordenando.
Ya fortuna disponía   5
quitar mi próspero mando,
qu'el bravo león d'España
mal me viene amenazando.
Su espantosa artillería,
los adarves derribando,   10
mis villas y mis castillos,
mis ciudades va ganando.
La tierra y el mar gemían,
que viene señoreando,
sus pendones y estandartes   15
y banderas levantando.
Su muy gran cavallería,
hela, viene relumbrando.
Sus huestes y peonaje
el aire viene turbando.   20
Córreme la morería,
los campos viene talando;
mis compañas y caudillos
viene venciendo y matando;
las mezquitas de Mahoma   25
en iglesias consagrando;
las moras lleva cativas

---

* Romance sobre la toma de Granada. Habla el rey moro, o
quizá Granada misma. El texto poético no tiene la gran expresividad patética de la música.
3 *terné* = tendré.
7 *león d'España*: alusión a las armas de Castilla.
9 *espantosa*: MS *spantosa*.

con alaridos llorando.
Al cielo dan apellido:
—¡Biva'l rey Fernando!   30
¡Biva la muy gran leona,
alta reina prosperada!—
Una generosa Virgen
esfuerço les viene dando.
Un famoso cavallero   35
delante viene bolando,
con una cruz colorada
y un espada relumbrando,
d'un rico manto vestido,
toda la gente guiando.   40

115

No tienen vado mis males.
¿Qué haré? —
que pasar no los podré.

Crece tanto la tormenta
de mis tristes pensamientos   5
que con sobra de tormentos
mayor mal se m'acrecienta.
No hay quien tantos males sienta.
¿Qué haré? —
que pasar no los podré.   10

Van tan altos mis amores
que ningún remedio veo.
No s'atreve mi deseo
a pasar tales dolores.
Yo, cercado de temores,   15
¿qué haré? —
que pasar no los podré.

Si con la vida pagase,
por remedio pasaría;

mas, cierto, no pagaría 20
con mil vidas qu'alcançase.
Por más, más que m'esforçase,
¿qué haré? —
que pasar no los podré.

116

Los sospiros no sosiegan
que os envío,
hasta que a veros llegan,
amor mío.

No sosiegan ni descansan 5
hasta veros,
y con veros luego amansan
en teneros,
y mis tristes ojos ciegan
hechos ríos, 10
hasta que a veros llegan,
amor mío.

Sin vuestra vista no puedo
tener vida,
y en veros ponéisme miedo 15
sin medida,
y mis sentidos me niegan
do los guío,
hasta que a veros llegan,
amor mío. 20

Por amar, tales tormentos
vos me distes,
qu'envío mis pensamientos
siempre tristes:
do más tristuras navegan 25
los envío,
hasta que a veros llegan,
amor mío.

117 *

¿Si habrá en este baldrés
mangas para todas tres?

Tres moças d'aquesta villa,
tres moças d'aquesta villa
desollavan una pija   5
para mangas a todas tres.

Tres moças d'aqueste barrio,
tres moças d'aqueste barrio
desollavan una carajo
para mangas a todas tres.   10

Desollavan una pija,
desollavan una pija
y faltóles una tira
para mangas a todas tres.

Y faltóles una tira,   15
y faltóles una tira.
La una a buscalla iva
para mangas a todas tres.

Y faltóles un pedaço,
y faltóles un pedaço.   20
La una iva a buscallo
para mangas a todas tres.

118

Vuestros amores he, señora,
vuestros amores he.

---

* Las palabras obscenas están borradas en el MS pero todavía
se pueden leer.

Desd'el día que miraron
mis ojos vuestra presencia,
de tal forma se mudaron   5
que no consienten ausencia.
Vuestros amores he.

Tengo siempre el pensamiento
en servir y contentaros,
que vuestro merecimiento   10
jamás me dexa olvidaros.
Vuestros amores he.

Amor pudo cativarme
con su fuerça verdadera,
mas vos podéis remediarme   15
si havéis gana que no muera.
Vuestros amores he.

Es vuestra gentil figura
tan perfeta y acabada,
que con gracia y hermosura   20
tenéis mi vida robada.
Vuestros amores he.

Tenéis con vuestra belleza
tanto poder en mi vida
que si me mostráis crueza   25
yo la do por fenecida.
Vuestros amores he.

Y pues quiso mi ventura
que de vos fuese cativo,
dadme vida sin tristura   30
pues por vos muriendo bivo.
Vuestros amores he.

119

Partístesos, mis amores,
y partió
mi plazer todo y murió.

No partió mi pensamiento,
y vino mi perdimiento.   5
No murió el contentamiento
que me dio
la causa que me perdió.

Partió la gloria de veros,
no el plazer de obedeceros;   10
mas el temor de perderos,
que creció,
todo mi bien destruyó.

120

Congoxa más que crüel
combate mi triste vida.
La causa fue mi partida.

Partirme sin me partir
de vos, graciosa y sentida,   5
es tan triste mi bevir
que será mejor morir.
La causa fue mi partida.

119: 5 y: MS *e*, que hemos enmendado por ser una forma poco característica de Encina.

121 *

Caldero y llave, madona,
jur'a Di, per vos amar
je voleu vo'l adobar.

Je vos pondré una clave
dentro de vostra serralla,   5
que romperá una muralla
nin jamay no se destrave.
Per mo foy, que donde trave,
según es mon ferramén,
que vos quedar ben contén,   10
que no me posa olvidar.

J'he a tapar los agujer
de toda la casa vostra
con la ferramenta nostra,
sin que me donar diner.   15
No trovaréis calderer
que vos sirva como a mí,
que, juro a la cor de Di,
ge faroy lo que mandar.

Juro a la san de Di,   20
si la mia pena conortas,
de serrar las vostras portas
sin que des maravedí.
Per ma foy, que ge me oblí
de vos fazer tal visoña,   25

---

* En este villancico gracioso hay tal confusión de lenguas que
el intentar anotarlo adecuadamente resultaría pedantesco. De
todas formas, el chiste está en los dobles sentidos sexuales, que
no son nada recónditos. El calderero parece ser francés (se
refiere a Borgoña y Aviñón), pero hay más formas italianas
que francesas en su castellano chapurreado. El villancico per-
tenece a toda una tradición europea de canciones basadas en
tales dobles sentidos.

qu'en lo país de Borgoña
non trovéis otro mi par.

Y pondrás en la clavera
un gros y gentil ponsón,
qu'en lo país de Aviñón   30
non la haya tal fuslera;
y para la delantera,
porque vai ben solsada,
que aunque dé gran martillada,
que non se pose doblar.   35

Je farás con mis martillos,
señora, si ben escoltas,
clave que de cuatre voltas
bien cierre vostros pestillos,
j'he l'abrito sin sentillos,   40
y que dé la volta entera,
y en la vostra espetera
je vos pondrás una cuchar.

Mo he clavar vostro molín
y untar ben el batán,   45
sin que des pedás de pan
nin torresne de tosín.
Y mon criate Joanín
portarávos cosas tan bellas
qu'entre todas las donzelas   50
vos serés más de mirar.

122

Pues que ya nunca nos veis,
no sé por qué lo hazéis.

Vuestro olvido ha sido tanto
que es cosa d'espanto.

¿En tan poco nos tenéis?   5
No sé por qué lo hazéis.

123 *

— Quédate, carillo, adiós.
— ¿Dó quieres, Juan, aballar?
— A Estremo quiero pasar.

— Quédate adiós, compañero,
ya me despido de ti: 5
no digas que me partí
sin saludarte primero.
Sábete que ya no quiero
por esta sierra morar.
A Estremo quiero pasar.   10

— ¿A Estremo, Juan, quieres irte?
Llega, llega acá, aborrido.
Sabes cuánto te he querido,
¿y quieres de mí partirte?
Sin más ni más despedirte,   15
¿así me quieres dexar?
— A Estremo quiero pasar.

— Bien estavas en la sierra
sin pasar ogaño a Estremo,
que te juro a mí que temo   20
que allá te veas en guerra.
Desterrado de tu tierra
muy poco puedes ganar.
— A Estremo quiero pasar.

Más quiero entre los ajenos   25

---

* Se ha conjeturado que este villancico es autobiográfico, y que
en él Encina canta de su determinación de sacudirse el polvo
de Salamanca de los zapatos al ver decepcionadas sus esperan-
zas en 1498.

morir y servir de balde
que esperar a ser alcalde
siendo a mengua de hombres buenos.
Estos prados están llenos
para mí de rejalgar.   30
A Estremo quiero pasar.

— Dígote que tu partida
me dará gran soledad,
porque muy gran amistad
te tuve toda mi vida.   35
Sin ti queda muy perdida
la fama deste lugar.
— A Estremo quiero pasar.

Porqu'este lugar me aburre,
tengo dél gran sobrecejo.   40
Soncas, para tal concejo
basta cualquier çurreburre,
que, por más qu'el sol me turre
no puedo aquí escalentar.
A Estremo quiero pasar.   45

— Pues no porque no trabajas
hasta sudarte el copete,
que más afanas que siete,
sin renzillas ni barajas.
Si estás a lumbre de pajas   50
no podrás calor tomar.
— A Estremo quiero pasar.

Nunca me da el sol de cara,
qu'estoy en cabo del mundo,
ni aun por más que me percundo   55

39 *me aburre*: "me odia, me tiene rencor".
42 *çurreburre*: "Çurrador. El que curte los cueros y les quita el
   pelo. Çurriburri, el hombre muy ordinario, como lo es el pelo
   burro del asno" (Sebastián de Covarrubias, *Tesoro de la len-*
   gua castellana, 1611).
55 *me percundo*: (= me percudo) "me afano".

ningún bien en mí me para,
que quien en peñascos ara
muy mal puede barbechar.
A Estremo quiero pasar.

—Los muy sabiondos no caben   60
entre los de su nacencia;
mas a ti por tu sabencia
pocos hay que no te alaben,
aunque algunos hay que saben
maldezir del bien obrar.   65
—A Estremo quiero pasar.

Quema más que fuertes ajos
la lengua de los malsines.
Holgarán ya los mastines
que me roen los çancajos.   70
Podrá ser que los gasajos
se les tornen en pesar.
A Estremo quiero pasar.

—Plega a Dios qu'Él bien te preste,
ya que acuerdas de te partir.   75
Mas no sé dó quieres ir,
que muy buen terruño es éste.
Soncas, dirán que te fueste
cuando havías de medrar.
—A Estremo quiero pasar.   80

Por tal terruño no abogues
(perdona, zagal, si yerro)
que más sienten de cencerro
que no de buenos albogues.
Aunque sirviendo te ahogues,   85
soldada no saben dar.
A Estremo quiero pasar.

62 *sabencia*: "sabiduría".

— Muy asmado estoy de ti
en oírte dezir mal.
Hasta agora yo, zagal,   90
nunca dezir mal te vi.
Mas agora, jur'a mí,
dello te quieres picar.
— A Estremo quiero pasar.

Aunque no soy maldiziente,   95
la razón que me fatiga
me da razones que diga
maldiziendo mala gente.
Ora, lengua, tente, tente,
no cures de más hablar.   100
A Estremo quiero pasar.

— Juan, de mi cabeça loca
deves tomar mi consejo.
No digas mal del concejo,
pon un badal a la boca.   105
Porque no pague la coca,
deves catar de callar.
— A Estremo [quiero pasar].

Mi lengua te certifica
de callar y sufrir   110
hasta que pueda dezir:
"En salvo está quien repica".
Mas tal espuela me pica
que no puedo sosegar.
A Estremo [quiero pasar].   115

— Finge gasajo, así gozes,
no digas ningún quillotro,

---

106 *porque no pague la coca*: "Habla la boca, con que paga la
     coca; muchos inconvenientes se siguen del hablar y muchos
     provechos de callar" (Sebastián de Covarrubias, *Tesoro de la
     lengua castellana,* 1611).
117 *quillotro*: "devaneo, desatino".

que un tiempo viene tras otro
para que puedas dar bozes.
Aunque agora las empozes,   120
después las podrás sacar.
— A Estremo quiero [pasar].

Desque me haya desterrado,
sonarán más que de veras
mis bozes, tan lastimeras   125
que tú mesmo estés asmado,
porque yo voy tan hinchado
que cuido de reventar.
A Estremo [quiero pasar].

— De ti tengo gran dolido   130
y de mí, porque te vas.
Temo que no bolverás
según que vas aborrido.
Pídeme, por Dios te pido,
si quieres algo llevar.   135
— A Estremo [quiero pasar].

Fin.

Tarde o nunca bolveré.
Quédate con Dios, amigo.
Harto bien llevo comigo
en llevar esto que sé.   140
Abráçame, por tu fe,
y adiós te manda quedar.
A Estremo quiero pasar.

124

— Antonilla es desposada:
hágotelo, Juan, saber.

120 *empozes*: "tragues" (*empozar*: echar en un pozo).

—¡Jur'a diez, no puede ser!

—No seas tan rebelado,
que yo la vi desposar,				5
y mucho de su cantar
vi el lugar regozijado.
Y a Toribio, el desposado,
vi atestado de plazer.
—¡Jur'a diez, no puede ser!			10

—A los grandes brinquejones
que davan en el portal,
nos encontramos yo y Pascual
por medio de los garçones.
Comimos picatostones				15
y diéronnos a bever.
—¡Jur'a diez, no puede ser!

125

Ya no espero qu'en mi vida
me veré regozijado,
pues Menga se ha desposado.

Pleg'a Dios que la quería
con huzia de no mudarme,			5
qu'el día que no la vía
no podía quellotrarme.
Y agora, ansí dexarme
por el nuevo desposado,
se dobla más mi cuidado.			10

El rabé ni caramillo
no lo ahuzio ni lo quiero,

124: 11 *brinquejones*: "brincos grandes".
125: 1, 15 *espero*: MS *spero*.
    7 *quellotrarme* = quillotrarme ("animarme").

ni el capote de pardillo,
ni'l bonete domingero;
ni menos pienso ni espero   15
que terné más gasajado,
sino siempre andar penado.

Mirara la dicha rebelada
que le dava muchos dones,
manteca, leche cuajada,   20
quesillos y requesones,
y las pullas y razones
qu'entre nos havían pasado
andando con el ganado.

Si mirara los gasajos   25
qu'entr'ella fueron y mí,
y cuántos buenos tasajos
en este mundo le di,
no puedo pensar, que así,
tan presto arrebatado,   30
olvidara mi cuidado.

126

Serviros y bien amaros
es gloria tan singular
que no hay más que desear.

Gentileza y perfición,
discreción, seso y cordura   5
están en vuestra hermosura
más que en todas cuantas son.
Así que con gran razón
os deven servir y amar,
que no hay más que desear.   10

7 *en*: MS *con.*

Y si miraros condena
y cualquier libre cativa,
no sé qué más bien reciba
que gozar de tal cadena.
Es descanso cualquier pena   15
sufrida por os amar,
que no hay más que desear.

No ser suyo quien os vido
es gran ventura y favor;
la gloria del vencedor   20
engrandece el qu'es vencido.
Es un bien tanto crecido
serviros y bien amar
que no hay más que desear.

Esta prisión que me distes,   25
ésta tengo por vitoria;
no recibo mayor gloria
qu'en saber que me vencistes.
Pues que tan linda nacistes
¿qué se puede desear   30
sino serviros y amar?

127

Para verme con ventura
que me dexe con querella,
más vale bevir sin ella.

El que no sabe de gloria
no siente tanto la pena,   5
mas quien se vio con vitoria
no puede sufrir cadena.
Alcançar ventura buena
y al mejor tiempo perdella,
más vale bevir sin ella.   10

El que más males posee
con menos bien se contenta.
Lo que la vista no vee
al coraçón no atormenta.
Si ventura se acrecienta   15
para más penar por ella,
más vale bevir sin ella.

La mayor pena que tienen
los que de la gloria cayeron
son las ansias que les vienen   20
de la gloria que perdieron.
Pues a los que más tuvieron
les queda mayor querella,
más vale bevir sin ella.

128 *

— Romerico, tú que vienes
donde mi vida está,
las nuevas della me da.

Dame nuevas de mi vida,
así Dios te dé plazer.   5
Si tú me quieres hazer
alegre con tu venida,
que después de mi partida
de mal en peor me va,

* Villancico muy difundido en los siglos XVI y XVII. (Para una bibliografía completa véanse Margit Frenk Alatorre, *Cancionero de galanes y otros rarísimos cancionerillos góticos*, Valencia, 1952, pp. XXI-XXIII; y J. Romeu Figueras, *Cancionero musical de Palacio*, ed. cit., pp. 446-447). Aparece en tres pliegos sueltos, en los cancioneros de la Biblioteca Hortensia y del British Museum. Lo citó Lope en *El engaño en la verdad*. Se conocen varias versiones a lo divino.
2 *donde*: aquí conserva su sentido etimológico "de donde" (< *de unde*). No falta un *de* por error del copista como han supuesto J. Romeu Figueras y otros. Lope da *donde*, lo cual confirma que es la versión tradicional.

las nuevas della me da.   10

— Bien muestras en el hablar
ser ajeno de plazeres,
mas si yo no sé quién eres
¿qué nuevas te puedo dar?
Quien nunca te vio nombrar   15
¿cómo te conocerá?
— Las nuevas della me da.

Véome triste, aflegido,
más que todos desdichado,
que en el tiempo ya pasado   20
solía ser conocido.
Mas agora, con olvido,
la memoria muerta está.
Las nuevas della me da.

— Aunque mis nuevas te den   25
pensamientos, tú descansa
y los sospiros amansa
y las lágrimas detén.
Dime tu mal y tu bien,
que ya te conozco, ya.   30
— Las nuevas della me da.

Bien sabes que me partí
fuyendo del mal que quexo,
mas cuanto yo más me alexo
muy más cerca está de mí.   35
La esperança que perdí
ya nunca se cobrará.
Las nuevas della me da.

— Yo bien sé que te partiste
con mucha desesperança,   40
y tu bienaventurança
vino y no la conociste.
¡Mas esfuerça, esfuerça, triste,

que tu acuerdo bivo está!
— Las nuevas della me da.   45

128 bis

(VERSIÓN DEL CANCIONERO DEL BRITISH MUSEUM)

Romerico, tú que vienes
do la mi señora está,
las nuevas tú me las da.

Dame nuevas de mi vida,
ansí Dios te dé plazer.   5
Si tú me quieres hazer
alegre con tu venida,
que después de mi partida
de mal en peor me va,
las nuevas tú me las da.   10

— Bien muestras en tu hablar
ser ajeno de plazeres,
mas pues yo no sé quién eres
¿qué nuevas te puedo dar?
Quien nunca te oyó nombrar   15
¿cómo te conocerá?
— Las nuevas tú me las da.

Ay, triste de mí, cuitado,
apartado de plazer,
que en el tiempo pasado   20
nombrado solía ser.
Mas agora, de olvidado,
mi memoria muerta está.
Las nuevas tú me las da.

---

44 *tu acuerdo*: "el recuerdo de ti".

129

El que tal Señora tiene
como vos por abogada,
no le puede faltar nada.

Que por pequeños servicios
dais mercedes sin medida,   5
dais inmensos beneficios,
remediando nuestra vida.
A quien vos tiene servida,
como vos por abogada,
no le puede faltar nada.   10

130 *

Fata la parte
tutt'ogni cal,
qu'es morta la muller
de micer Cotal.

Porque l'hai trovato   5
con un españolo
en su casa solo,
luego l'hai maçato.
Lui se l'ha escapato
por forsa y por arte.   10

129: 8 *vos*: MS *a vos*.
   * Otra mezcla de lenguas. A pesar de ser puesto en boca de
     italianos, este villancico tiene muchas formas castellanas (*mu-
     ller, hovo, dedo,* etc.).
130: 1 Verso muy oscuro. Sospechamos que el copista no entendía lo
     que copiaba. Quizás haya que buscar otra división de palabras
     (¿"fatal..."?, ¿"fa tal ..."?).
     2 *tutt'ogni cal*: ¿"todo el mundo calle"?
     5 *hai*: segunda persona, aunque se requiere aquí la tercera.
     8 *maçato* = ammazzato ("matado").

Restava dicendo,
porque l'hovo visto,
¡o válasme Cristo!,
el dedo mordiendo,
gridando y piangendo: 15
— ¡Españoleto, guarte!

¡Guarda si te pillo,
don españoleto!
Supra del mi leto
te faró un martillo,   20
tal que en escrevillo
piangeran le carte.

— Micer mi compare,
gracia della e de ti.
— Lasa fare a mi   25
y non te curare.
— Assai mal me pare
lui encornudarte.

131 *

Tan buen ganadico,
y más en tal valle,
plazer es guardalle.

Ganado d'altura,
y más de tal casta,   5

---

20 *martillo* = martirio.
21 *escrevillo*: MS *estrevillo*.
23 Es difícil adivinar quiénes son los que hablan en esta última
estrofa.
24 *gracia della e de ti*: ¿"que tú y ella tengáis misericordia"?
25 *lasa* = lascia ("deja").
27 *assai*: "muy, mucho".
 * Creemos que este villancico no es tan transparente como parece a primera vista. Hasta hemos llegado a sospechar que se
trata de un doble sentido erótico.

muy presto se gasta
en mala pastura.
Y en buena verdura,
y más en tal valle,
plazer es guardalle.   10

    Ansí que yo quiero
guardar mi ganado
por todo este prado
de muy buen apero.
Con este tempero,   15
y más en tal valle,
plazer es guardalle.

    Está muy vicioso
y siempre callando,
no anda balando   20
ni es enojoso,
antes da reposo.
En cualquiera valle
plazer es guardalle.
    Conviene guardalla,   25

la cosa preciosa,
qu'en ser codiciosa
procuran hurtalla.
Ganado sin falla,
y más en tal valle,   30
plazer es guardalle.

    Pastor que s'encierra
en valle seguro,
los lobos te juro
que no le den guerra.   35
Ganado de sierra
traspuesto en tal valle
plazer es guardalle.

18 *vicioso*: "vigoroso".

Pastor de buen grado
yo siempre sería,   40
pues tanta alegría
me da este ganado,
que tengo cuidado
de nunca dexalle,
mas siempre guardalle.   45

132

— Pelayo, ten buen esfuerço,
no tengas huzia perdida,
que tu mal habrá guarida.

Pon esfuerço a tu tristura,
no huigas del gasajado,   5
qu'el esfuerço denodado
quebranta mala ventura.
Por tu remedio procura,
no tengas huzia perdida,
que tu mal habrá guarida.   10

No descrucies del bivir,
muestra largo sufrimiento.
Si te hazes al tormento,
tormento querrás sufrir.
La vida está en el morir.   15
No tengas huzia perdida,
que tu mal habrá guarida.

3 *guarida*: remedio.
5 *huigas*: huyas.

—Derreniego d'esperança
que al mejor tiempo se seca,
y de mal que no se trueca   20
con el tiempo y su mudança.
Toda buena confiança
tengo del todo perdida,
que descrucio de la vida.

133

Rebelóse mi cuidado
contra mí:
nunca tal traición yo vi.

Mi cuidado, deseoso
de seguir querer ajeno,   5
parecióle qu'era bueno
quitarme de mi reposo
y buscar mal congoxoso
para mí.
Nunca tal traición yo vi.   10

Encomendéle mi vida,
coraçón y cuerpo y alma.
Y amor, con vitoria y palma,
me lleva muy de vencida
por una desgradecida.   15
Contra mí
[nunca tal traición yo vi].

Vi mi mal, que no debiera,
en el bien de tal señora,
que siempre mi fe la adora,   20
siendo causa que yo muera.
Mi cuidado y su bandera
es contra mí:
[nunca tal traición yo vi].

134

Todos los bienes del mundo
pasan presto y su memoria,
salvo la fama y la gloria.

El tiempo lleva los unos,
a otros fortuna y suerte,   5
y al cabo viene la muerte,
que no nos dexa ningunos.
Todos son bienes fortunos
y de muy poca memoria,
salvo la fama y la gloria.   10

La fama bive segura
aunque se muera su dueño;
los otros bienes son sueño
y una cierta sepoltura.
La mejor y más ventura   15
pasa presto y su memoria,
salvo la fama y la gloria.

Procuremos buena fama,
que jamás nunca se pierde,
árbol que siempre está verde   20
y con el fruto en la rama.
Todo bien que bien se llama
pasa presto y su memoria,
salvo la fama y la gloria.

Poesías de Encina en el manuscrito
de la Biblioteca Nacional

135 *

VILLANCICO

Jerusalén, Jerusalem,
descanso y fin de nuestro bien.

O Jerusalén sagrada,
Tierra Santa deseada,
por fin de tan gran jornada   5
loores a Dios se den.

A Dios demos los loores,
peregrinos pecadores:
los trabajos y sudores
por Él se sufren muy bien.   10

Viniendo tus peregrinos
por te ver tantos caminos,
aunque no seamos dinos
tenlo agora tú por bien.

Ten por bien que te veamos   15
aunque dinos no seamos
y que después de ti vamos
al alta Jerusalem.

En Jerusalén sembró
Dios misterios y plantó,   20

* Para la fecha de esta y las demás poesías de este manuscrito,
véase R. O. Jones, "An Encina Manuscript".

y en Nazarén encarnó
y nació dentro en Belén.

   Viendo acá tierra tan santa
a Dios se dé gloria tanta,
tanta que en nuestra garganta   25
siempre sus glorias estén.

   Dios y hombre y hombre y Dios,
y en uno naturas dos,
do tú veniste por nos
vengamos por ti también.   30

   O potestad infinita,
¿cómo en tierra tan bendita
consientes tanta mezquita,
tanta deshonra y desdén?

   Reyes príncipes cristianos,   35
¿qu'es de vuestras fuerças y manos,
que en poder de los paganos
dexáis a Jerusalem?

   Dexáis su Patriarcado,
qu'es del mundo el más nombrado,   40
ser de infieles ocupado
y tenerlo ¡mirad quién!

   Su silla patriarcal
en poder del Cardenal
de Santa Cruz Carvajal,   45
¡o cómo estaría bien!

45 *Carvajal*: Bernardino López de Carvajal nació en 1456 y murió
en Roma en 1523. Le hizo cardenal Alejandro VI en 1493.
Tuvo una carrera turbulenta bajo Julio II, a cuyas reformas se
opuso con vehemencia. Fue enterrado en la iglesia de Santa
Croce, de donde había tomado su título.

Fin.

Ayudad a Leo Papa
con la vida y con la capa,
que Dios le guarda y escapa
porque gane tan gran bien.   50

136

Sálvete Dios, Tierra Santa,
santa y tal
qu'el Rey en ti celestial
hizo maravilla tanta.

¿Quién vido virgen parir   5
y nacer Dios en el suelo?
En ti, Cristo Rey del Cielo
quiso nacer y morir,
resurgir y al cielo ir,
segund canta   10
nuestra Iglesia madre santa.

Cristo en ti fue babtizado
y predicó su dotrina.
La potencia en ti divina
por Cristo bien se ha mostrado: 15
en ti fue transfigurado.
Gloria tanta
no sé cómo no t'espanta.

Todas dolencias curó
en ti del cuerpo y del alma,   20
y limpios como la palma
a los que curó dexó,

---

12 *babtizado* = bautizado. Esta forma ocurre varias veces en este
manuscrito.

y muertos resucitó.
Tierra Santa,
gózate con gloria tanta.   25

137 *

VILLANCICO CONTRAHAZIENDO A LOS MÓCAROS
QUE SIEMPRE VAN IMPORTUNANDO
A LOS PEREGRINOS CON DEMANDAS

Benda ti istran plegrin
benda marqueta maidin.

Benda benda stringa da da
agugeta colorada

* Como este villancico ofrece múltiples dificultades de interpretación, damos un texto sin modernizar. Está escrito en Lingua
Franca. Véase L. P. Harvey, R. O. Jones, K. Whinnom, "Lingua Franca in a villancico by Encina", *Revue de Littérature
Comparée* (1967), pp. 572-579. Damos a continuación una
versión en castellano moderno, y luego las notas.
    Benda —o peregrino extranjero— *benda, marchetto, maidin.*
Una *benda*, una *benda*, doy una agujeta, una agujeta colorada. Dala a tu amiga árabe, y Alá te dé una buena mañana.
    Por Alá, te recomiendo que gastes un *maidin*, un *marchetto*,
una *benda* [que te alquilarán] un burro con todas las provisiones necesarias: un burro es un buen rocín.
    Buen peregrino cristiano, si quieres ir al Jordán, lleva pan
para tu viaje porque no encontrarás ni pan ni vino.
    Lleva para el camino un pollo, que es un ave muy buena,
y unos buenos higos finos y buenas calabazas y uvas (o buenas uvas dulces).
    Lleva huevos cocidos ahora. Por una *benda* te doy dos o
tres, por un *marchetto* cinco o seis, por un *maidin* diez o doce.
    Dando un *marchetto* o un *maidin* [puedes tener] huevos y
habas para comer. Un *marchetto* vale un bayoco, y dos bayocos
un *maidin*.
    Dentro de los confines de Judea un *marcello* vale cinco
maidines — buenas monedas, que no falsas y ruines, si suenan
con buen sonido.
Título: *mócaro*: "mozo de mulas o de burros".
1-2 *Benda ... marqueta maidin*: *benda* es evidentemente una moneda pero no hemos podido identificarla; *marqueta* es el *marchetto* veneciano; *maidin* es la moneda árabe *mu'ayyidi*. El
valor relativo de estas monedas se puede deducir de los versos
20-22, donde se da en términos de huevos cocidos así: 2 *ben-
das* = 1 *marchetto*, 2 *marchetti* = 1 *maidin*.

dali moro namorada   5
y ala ti da bon matin.

Por ala te rrecomenda
dar maidin marqueta benda
con bestio tuto lespenda
xomaro estar bon rroçin.   10

Peregrin taybo cristian
si querer andar Jordan
pilla per tis jornis pan
que no trobar pan ne vin.

Pilla pilla per camino   15
polastro bona galino
bono fica taybo fino
y taybo zucarrazin.

Pilla lobo coto ades
per benda dar dos e tres   20
per marqueta çinca seys
dez e duz per un maidin.

Per marqueta e maydin dar
ovos haba per manjar
marqueta bayoco estar   25
dos bayocos un maydin.

---

9 *lespenda*: ¿castellano *l'expendio* ("gasto, consumo", por exten-
sión "provisiones")?
10 *xomaro* = italiano *somaro* ("burro").
11 *taybo* = árabe *ṭayyib* ("bueno").
13 *jornis*: ¿francés *journée*? Evidentemente significa "viaje".
16 *polastro* = italiano *pollastro* ("pollo grande").
18 *zucarrazin*: voz dudosa. Es posible que sea un compuesto del
italiano *zucchero* + italiano triestino *razin* o provenzal *razim*
(lo cual significaría "uvas dulces"). También es posible que
sean dos palabras: italiano *zucca* ("calabaza") y *razin*.
19 *lobo coto* = italiano *l'ovo cotto* ("huevo cocido").
ades = italiano *adesso* ("ahora").
22 *dez e duz*: en nuestra traducción sustituimos *e* por *o*, pues
hace mejor sentido.
25 *bayoco* = *baiocco*, moneda italiana.

Fin.

Marçela çinca maidines
valer Judea confines
taybos no marfuzes rruynes
sy xonar bono tintin.   30

138

AL SEÑOR CARDENAL DE SANTA CRUZ,
PATRIARCA GEROSOLIMITANO, SOBRE EL MAL REPARO
DE LA CASA DEL PATRIARCADO QUE EN JERUSALÉN ESTÁ

Muy preclaro Carvajal,
Monseñor de Santa Cruz,
del senado sol y luz,
dino obispo, Cardenal,
Patriarca   5
de Jerusalén y un arca
de tesoro teologal.

Como testigo de vista
que en Jerusalén he estado,
de vuestro Patriarcado   10
os doy por memoria y lista
su gran quexa
de Mahoma que le aquexa
sin haver quien le resista.

La posada do posé,   15
estando en Jerusalem,
segund muchos saben bien
el Patriarcado fue,
y por eso

27 *marçela = marcello*, moneda veneciana.
29 *marfuzes* = árabe *marfuḍ*, "réprobo, condenado".
30 *xonar* = sonar.

de sus quexas el proceso   20
porque yo lo vi lo sé.

La Casa Patriarcal
Mahoma la tiene en guarda
y eso se le da que se arda
que se torne muradal,   25
antes él
la trata como a burdel
y la govierna muy mal.

Ella está en Jerusalem
a par del sepulcro santo   30
cubierta de luto y llanto,
de deshonra y de desdén
se reviste,
desolada, sola y triste
vazía de todo bien.   35

Muy llena de telarañas,
rotas ventanas y puertas,
las paredes casi abiertas,
que descubre las entrañas:
clama a Dios   40
y también, Señor, a vos
en sus congoxas estrañas.

A Dios, que por nuestro mal
la dexa en poder de infieles,
perversos perros crueles,   45
siendo la Patriarcal,
y reclama
qu'está perdida la fama
de casa tan principal.

25 *muradal* = muladar.

Clama a vos porqu'es muy feo   50
siendo vos su Patriarca
y estando a par del monarca
del Papa .décimo Leo
no incitar
de haverla de recobrar   55
y cumplirle su deseo.

Desea contenta verse
y de infieles libre ser
y verse en nuestro poder
para no poder perderse   60
mas ganarse
y en tal lugar emplearse
por jamás no fenecerse.

Deve Vuestra Señoría
insistir en su remedio,   65
que al principio, fin y medio
Dios dará la vía y guía:
Monseñor,
al Papa y Imperador
importunad noche y día.   70

Que acordarse estos dos
yo lo doy por acordado.
Cobrado el Patriarcado,
gozaréis dél y él de vos
y obraréis   75
obras con que en él haréis
muy mucho servicio a Dios.

Reinante el Papa León
bien podrán prenosticar

69 *Emperador*: Carlos V.
71 *acordarse*: MS *acordanse*.

haver Carlo de ganar   80
la Tierra de Promisión
por sus puntos:
yendo vos con los dos juntos
valdrán armas y oración.

   Mostráis con fe confiança   85
en la cruz que vos traéis
y que muy cierta tenéis,
contra esperança, esperança;
sólo en Dios
tenéis la esperança vos   90
contra el mundo y su mudança.

   Cruz gerosolimitana
que en Calvario fueste puesta,
tú de ti socorro presta
a la religión cristiana,   95
que contigo
fue vencido el enemigo
de la redención humana.

                    Fin.

   Plega a Dios de lo cumplir
todo como se desea,   100
y que en esto salga y sea
verdadero mi escrevir,
porque estén
juntos en Jerusalem
y a Dios puedan bendezir.   105

Apéndice

POESÍAS ATRIBUIBLES DEL CANCIONERO
DEL BRITISH MUSEUM (Add. MS. 10431)

1

VILLANCICO

Tan penado qu'en la muerte
cobraré dichosa suerte.

Seráme dulce el morir
pues que el bevir es mortal.
La muerte será bivir,   5
mi vida acabada fuese.
Que en la muerte
cobraré dichosa suerte.

Para que más no muriese,
pues biviendo nunca canso,   10
la muerte que da descanso
ya querría que viniese,
que en la muerte
cobraré dichosa suerte.

La muerte, triste, deseo   15
porque libertad me dé,
que en la vida no terné
sino mil males que veo.
De querer morir me arreo,
que en la muerte   20
cobraré dichosa suerte.

2

No consuela mal de muchos
mi dolor
pues qu'es mi pena mayor.

Las pasiones y tormentos
sofridas por bien amar,   5
y el gemir y desear
del llagado pensamiento,
todo lo vence sin cuento
mi dolor,
porque es mi pena mayor.   10

Jamás la pasión recela
mi coraçón de sofrir;
nunca descansa en dormir
porque durmiendo más vela.
Ni mal de muchos consuela   15
mi dolor
porque es mi pena mayor.

Ay, que no sé remediarme,
cativo, ni defenderme,
si vos que podéis valerme   20
ya delibráis de matarme.
¿Pues quién podrá consolarme
en aqueste mi dolor
pues qu'es mi pena mayor?

3

ROMANCE

Yo me estava en la mi celda
rezando como solía,
cargado de pensamientos,

que valerme no podía.
Por ay viniera la Muerte   5
y esta razón me diría,
que gozase deste mundo,
que en el otro lo pagaría.
Tal consejo como aqueste
yo no se lo tomaría.   10
Fueme para la iglesia
con la devoción que tenía.
Finqué rodillas en el suelo;
delante Santa María
púseme y allí contemplo   15
en la devoción que tenía.
Desque huve reposado
muy alegre quedaría.
A mi celda ove tornado
a rezar como solía.   20

4

ROMANCE

Yo me partiera de Francia,
fuérame a Valladolid.
Encontré con un palmero,
romero atan gentil.
"Ay, dígasme tú, el palmero,   5
romero atan gentil,
nuevas de mi enamorada,
si me las sabrás dezir".
Respondióme con nobleza,
él me fabló y dixo así: 10
"¿Dónde vas, el escudero,
triste, cuitado de ti?
Muerta es tu enamorada,
muerta es, que yo la vi.
Ataút lleva de oro   15
y las andas de un marfil.

La mortaja que llevava
es de un paño de París.
Las antorchas que le llevan,
triste, yo las encendí.   20
Yo estuve a la muerte della,
triste, cuitado de mí.
Y de ti lleva mayor pena
que de la muerte de sí."
De qu'esto oí yo, cuitado,   25
a cavallo iva y caí.
Una visión espantable
delante mis ojos vi.
Hablóme por conortarme,
hablóme y dixo así: 30
— "No temas, el escudero,
no ayas miedo de mí.
Yo soy la tu enamorada,
la que penava por ti.
Ojos con que te mirava,   35
vida, no los traigo aquí.
Braços con que te abraçava
so la tierra los metí."
— "Muéstresme tu sepoltura
y enterrarme [é] yo con ti."   40
— "Biváis vos, el cavallero,
biváis vos, pues yo morí.
De los algos deste mundo
fagáis algund bien por mi.
Tomad luego otra amiga   45
y no me olvidedes a mí,
que no podés hazer vida,
señor, sin estar así."

5

Bive leda si podrás
y no penes atendiendo,
que segund peno partiendo

no esperes que en jamás
te veré ni me verás.   5

    ¡O dolorosa partida!
Licencia que me despido,
yo, triste amador, te pido,
de tu vista y de mi vida,
que te acuerdes qu'en jamás   10
te veré ni me verás.

    El trabajo perderás
en aver de mí más cura,
que segund mi gran tristura
no esperes qu'en jamás   15
te verá ni me verás.

    En tristura se convierte
mi plazer que es ya pasado.
El día se me escurece,
tanto estó apasionado.   20
La noche nunc'amanece,
pues no espero que jamás
te veré ni me verás.

    En veros y desearos
es la causa que yo muero,   25
porque no puedo olvidaros
ni partirme de quereros.
Pues a esto vale más
no vos ver ni me veáis.

        6

    Por gentil Señora muero:
madre es de mi Señor.
    Que de mí no ayáis dolor.

Muero por una donzella;

fija es de alto linaje.   5
Enamorado ni paje,
yo no merecí della.
Mas por ser tan blanca y bella,
cativado me á el su amor:
que de mí no ayáis dolor.   10

    Tuve grande atrevimiento,
amar do no merecí.
Y por lo que cometí
no tuve conocimiento,
ni tampoco sufrimiento   15
para encobrir el su amor.
Que de mí no ayáis dolor.

    Aunque me cueste la vida
no me quiero doler della,
sino de aquesta donzella.   20
Pues que prometí servilla
y pues me enamoré della
gran dicha huve en amor.
Que de mí no ayáis dolor.

    Por amores yo penado,   25
mis parientes no se abatan,
que si bien miran y catan
más me tengan por onrrado,
pues que es por servir de grado
a gloria que Dios crió.   30
Que de mí no ayáis dolor.

    Todo el tiempo que yo [é] estado
y estuviere en su servicio,
no me lo tengan por malo
pues lo ove prometido: 35
que la tengo yo contino
dentro en el mi coraçón.
Que de mí no ayáis dolor.

Pido por merced a todos
que ruegan a Dios por mí,   40
por cuanto les yo ofendí
por muchas vías y modos,
quiera perdonar a todos,
y a mí, tan pecador.
Que de mí no ayáis dolor.   45

7

ROMANCE

Dios del cielo, Dios del cielo,
Dios del cielo, Señor mío:
Señor, no me desampares,
Señor, siempre sey comigo.

GLOSARIO

A

aballar: mover
abondo: abundancia; abundante
aborrío: fastidio, disgusto
aborrir: aborrecer
aburrir: abandonar, dejar; gastar
adamada: galana
adoque: cordón, cinta
ahotas: ¡a la verdad!
ahuziar: creer (**83**, 9).
al: nada
alamiefé: a fe mía
aldrán: mayoral
alfarda: adorno usado antiguamente por las mujeres
alfilete: ¿alfiler?
aliñar: ¿despachar? (**83**, 65)
aliño: encaminamiento
almario: armario
altamía: una especie de taza; cazuela de barro vidriado (León)
antelecho: antecama
añir: añil
añudado: atado
aprobar: portarse, resultar (**81**, 57)
aqüeste: cuestión, riña
artero: hábil, mañoso
asmado: absorto
asmar: creer, adivinar
asmarse: quedarse atónito
assisón: sisón
azedía: desabrimiento

B

babtizar: bautizar
barragán: mozo
barveza: ¿comilona?
bellorita: vilorta
berbelleta: especie de calzado (**84**, 120)
bevir: vivir
bicoquete: borrachera
bohera: ¿boquera?
brinquejón: brinco grande
broncha: brocha

C

calofrío: escalofrío
carmeno: cormano
carra: hacia, a
castigo: consejo, amonestación
cativar: cautivar
cativo: cautivo
caya: caiga
cocho: cocido, guisado
complissión: complexión
concejo: concurrencia
conorte: conforte, confortación
contecido: acontecido
contino: continuamente
cordojo: congoja
coreado: curiado, cuidado
cornezuelo: cornatillo
cotral: ¿cutral? (buey viejo)
creça: crezca
crego: clérigo, cura
criado: creado
crudío: áspero, cruel
crueca: clueca
crueza: aspereza, crueldad
cuidar: pensar

Ç

çurreburre: hombre ordinario

CH

chapado: cabal; agradable; sensato
chufear: chufar, hacer escarnio

D

debrocar: caer enfermo
demoño: demonio
deodo: deudo
departir: porfiar
desacordado: destemplado, discorde
desaliño: desconcierto
desconoçan: desconozcan
descruziar: dejar, desistir
descuetro: desconsuelo
desenartar: descubrir, desengañar
desgradecido: desagradecido
desigual: extremado
deslindar: ¿desarreglar? (**86**, 35)
desmaído: desmayado
desmanarse: escaparse de la manada
desojarado: ¿decaído?
despeluncado: con el cabello erizado
despelunco: despeluzamiento
despeluzio: despeluzamiento
di: día
ditado: dictado
dolorío: dolor
donario: donaire
donas: regalos de boda que el novio hace a la novia
donosía: donosura
dusnar: quitar

E

empozar: tragar (**123**, 120)
enartar: engañar
ende: allí
endonar: regalar
engorrar: tardar
engrillar: cautivar, enamorar
enterriado: . que tiene tirria, rencoroso
estrena: novedad

F

falseta: ¿falsía?
fedegosa: zamarra
frunda: funda
fue: fui o fue
fuera (a): a fuer
fuestes: fuisteis, fuiste

G

gasajado: agasajado; placer, regocijo
gasajo: agasajo; placer, regocijo
gavança: agavanzo
gelo: se lo
gerenacio (o gernacio): generación, linaje
gesta: cara, apariencia
gestadura: semblante
gradecer: agradecer
granujado: agranujado
guarida: remedio

H

hemencia: vehemencia, energía, ánimo.
hietro: fieltro
hizon: hicieron

huerte: fuerte
huigas: huyas
huzia: confianza

J

juridición: jurisdicción

LL

lloado: loado
llobado: lobado, tumor
llorio: lloro
llotro (de buen): con cariño, afectuosamente
llugo: luego

M

maginar: imaginar
mamillera: quijada
manzilla: lástima
marrar: faltar
melezina: medicina
Mexías: Mesías
miefé: a fe mía
miga cocha: migas (pan desmenuzado y frito en aceite)
miragloso: milagroso
modorrío: enfermedad
molar: muela
muradal: muladar
muría: moría

N

nacha: nariz
namorado: enamorado
non: nombre

Ñ

ñací: nací.
ño: no
ñota: nota, reparo

O

ofreçamos: ofrezcamos
omezillo: resentimiento
omezío: omezillo, odio, rencor
otrero: ¿hatero?
oyo: oigo

P

pende: peine
pensamiento: preocupación
pensoso: pensativo, preocupado
percanzar: alcanzar, entender
percreer: creer
percundir: percudir
perfición: perfección
perhundirse: hundirse
picaño: holgazán
placentorio: placer, alegría
polecía: policía, limpieza, aseo
posiste: pusiste
praga: plazca
prata: plata
preito: pleito
presión: prisión
priado: pronto

Q

quellotrar: quillotrar, enamorar
quillotro: devaneo, desatino
quina: quinta (en la música)

R

rebolvedero: envolvedero
rebullir: mover; romper (el día)
recebir: recibir
recrestillado: ¿engalanado? (**84**, 43)
redemir: redimir
rellanarse: aplanarse
repiquete: voz de sentido dudoso: véase **83**, 52
resalgar: rejalgar
respingo: réplica, respuesta aguda
riedro: redro

S

sabencia: sabiduría
saborío: sabor, gusto
segund: según
semejadura: ¿semejanza? (véase **86**, 80)
seta: secta
so: soy
so: bajo
sobarvo: ¿prenda para llevar debajo de la barba?
sobrehusa: apodo, chiste gracioso
somo (*en*): encima
soncas: ¡caramba!
sos: sois, eres

T

temosía: porfía
tentijuela (*hasta*): hasta tentelejuela, hasta no poder más
ternía: tendría
terrería: amenaza terrorífica
tien: tiene
tiesta: cabeza
torreja: torrija
torquesado: turquí
toste: pronto
tranzado: trenzado

trayo: traigo
tremer: temblar
trulla: ¿cazo?
tura: dura

V

val: vale
valança: valenza
valería: riqueza
vezado: ¿manso?
vido: visto
vigilla: vigilia

X

xarope: jarope

JUAN DEL ENCINA

CANCIONERO MUSICAL

Aquí se da el texto de la primera estrofa solamente.
El número entre paréntesis remite al texto poético
completo en la sección anterior.

NOTA PREVIA AL CANCIONERO MUSICAL

El texto musical que a continuación se reproduce ha sido compuesto por la señorita Carolyn R. Lee, basándose en las fuentes musicales de Juan del Encina. La explicación de las abreviaturas que aparecen en el texto musical son las siguientes:

CMB   Barcelona, Biblioteca de Cataluña, Ms 454 *(Cancionero Musical de Barcelona)*.

CMC   Sevilla, Biblioteca de la Colombina, Ms 7-1-28 *(Cancionero Musical de la Colombina)*.

CME   Elvas, Biblioteca Hortensia, Ms 11793 *(Cancionero Musical de Elvas)*.

CMP   Madrid, Biblioteca Real, Ms II-1335 *(Cancionero Musical de Palacio)*.

CMS   Segovia, Archivo de la Catedral, Ms sin signatura *(Cancionero Musical de Segovia)*.

Defensa   João IV de Portugal, *Defensa de la música moderna* (Lisboa, 1649).

Fl   Florencia, Biblioteca Nazionale, Magl. XIX 107 bis.

Frott   Florencia, Biblioteca Marucelliana, *Frottole* [¿libro secondo, Naples, Caneto, 1516] (falta la primera página).

1 (108)

Pues que jamás olvidaros

1) CMP: do blanca, la negra

2 (109)
Mortal tristura me dieron

1) CMP: Por faltar un verso de la vuelta, se puede sustituir por el estribillo.
2) CMP: fa

runt, don-ze-lla, vues - - - - tros a -

mo - - - - res. 2. Mis sos - pi - - - ros y cui
3. me tie - nen tan tras-tor

Mis sospiros
me tienen

Mis sospiros
me tienen

Mis sospiros
me tienen

da - - do y de - - se - o de ser - vi - ros
na - - do, que me - da cau - sa de - zi - ros.

3) CMP : re blanca si negra

3 (5)
Es la causa bien amar

CMP f.34v-35

1. Es la cau—sa bien a—mar de la vi—da con que mue—ro, que, só—lo por os mi—rar, a mi tris— te re—me—diar no sé, ni pue—do, ni quie—ro

5. y con to—do mi pe—nar vos sois mi bien ver—da—de—ro: Vos me po—déis re—me—diar yo sin vos de mi go—zar ni sé, ni pue—do, ni quie—

Tenor
Es la causa bien amar
y con todo mi

Contra
Es la causa bien amar

1) CMP: la

Fin

2. Vos so-la te-néis po-der ____ de re-me-
3. vos so-la po-déis ha-zer ____ de mi tris-

Vos sola te
vos sola

Vos sola tendis
Vos sola poddis

diar mi ____ tor - men - - - - to; 4.yes-cu-sar ____
tu - ra ____ pla - - - - zer

mi per - di-mien - to ____ .

4 (47)
Soy contento y vos servida

emp f37v-38

1. Soy con - ten - to y vos ser - vi - da, ser - pe -
4. No ten - gáis la fe per - di - da, pues la

Tenor — Soy contento

Contra — Soy contento

na - do de tal suer - te, que por vos quie -
ten - go yo tan fuer - te,

ro la muer - te más que no

sin vos la vi - da,

2. Quie-ro más
3. que pla - zer

Quiero más
que plazer

Quiero más
que plazer

por vos___ tris - tu - ra,   sien - - do vues-tro sin mu dan - - -
sin es - - pe - ran - ça   d'e - - na - mo - ra - da ven tu - - -

ça - - -
ra - - -

5 (110)

Partir, coraçón, partir

1. Par - tir, co - ra - çón, par - - tir, a -
4. No hay pla - zer que dé pla - - zer, sa -

Tenor
Partir
No hay

Contra

le - gre ___, pa - ra ___ mo - rir ___. 2. ¿Qué me a - pro -
bien - do ___ que he de ___ mo - rir ___. 3. sin es - pe -

Qué m'aprovecha

Qué me aprovecha
sin esperança tener

ve - - - cha el ___ que - rer ___,
ran - - - ça te ___ ner ___?

6 (30)
¿Qu'es de ti, desconsolado?

7 (34)
Yo m'estava reposando

CMP f. 52v-53

Yo m'es-ta-va_re — po — — — — san —
do, dor - mien - do co - - mo so — lí — — a, a - cor -
dé, tris - te, llo - ran — — do con gran pe - na que__ sin - tí -

1. Contra
Yo m'estava reposando

Tenor
Yo m'estava reposando

2. Contra
Yo m'estava reposando

1) CMP : _mi_ blanca, do# negra

8 (32)
Mi libertad en sosiego

1) CMP : do

9 (111)

Señora de hermosura

1) CMP: spero

10 (63)

Mas quiero morir por veros

1. Más que-ro mo-rir por ve - - ros, que be-vir sin co-
4. te-nien-do tal con-fian - - ça, de ga-nar - me por

no-ce - - - - - ros, 2. Es tan fuer - te mi spe - ran - - -
que-re - - - ros 3. que ja-más ha-ze mu-dan - - -

ça,
ça,

1) CMP: □ ♭

2) CMP: fa superior blanca, fa inferior negra.

11 (103)
¡Triste España sin ventura!

CMP f.55v-56

¡Tris-te Es-pa-ña sin ven — — tu — — ra,

1. Contra   Triste España sin ventura

Tenor   Triste España sin ventura

2. Contra   Triste España sin ventura

to-dos te de-ven llo — — rar, des-pob-la — da d'a — — —

le — grí — — a, pa — ra nun-ca en ti — tor — — nar.

12 (112)

Cucú, cucú, cucucú

1. ¡Cu-cú cu-cú cu-cu-cú! Guarda no lo
seas tú.

2. Com- pa- dre, de- bes sa- - ber
3. que la más bue- na mu- - jer
4. ra- bia siem- pre por ho- - der

5. Har-ta bien la tu- -ya tú.

1) CMP: fa superior blanca, fa inferior negra.

13 (113)

Amor con fortuna

1. A mor con for - tu - na, me mues-tra-e-ne - mi - ga. No
4. y muer-to no spe - ro sa - lir de fa - ti - ga.

sé qué me di - ga.

2. No sé lo que quie-ro, pues
3. Yo mes - mo m'en - ga - ña; me

bus-qué mi da - ño.
me-to dó muer - o

1) CMP : todas las voces 9

14 (114)
Una sañosa porfía

CMP f. 74v -75

U - na sa - ño - sa por - fí - - - a sin ven -

1. Contra   Una sañosa porfía

Tenor   Una sañosa porfía

2. Contra   Una sañosa porfía

tu - ra va pu - jan - - - - - - - - - - -

do. Ya nun - ca ter - né - a - le - grí - - a, ya mí

1) CMP : fa

mal se va or - de - nan - - - - - - - - -

- - - - - - do.

15.
Pésame de vos, el conde

Pé - sa - me de vos, el con - de

1. Contra — Pésame de vos el conde

Tenor — Pésame de vos el conde

2. Contra — Pésame de vos el conde

—, por — — — que vos man — — dan — ma — tar —,

pues el ye — rro que — vos he — zis — — — tes no fue

i) CMP : la blanca fa negra

—Pésame de vos, el conde,
porque vos mandan matar,
pues el yerro que vos hezistes
no fue mucho de culpar,
que los yerros por amores
dinos son de perdonar.
Yo rogué por vos al rey
que vos mandase soltar,
mal el rey con gran enojo
no me lo quiso escuchar.
Díxome que no rogase,
que no se puede escusar;
la sentencia es ya dada,
no se puede revocar,
que dormistes con la infanta
que avíades de guardar.
El cadahalso está hecho,
donde os han de degollar.

Más os valiera, sobrino,
de las damas no curar,
que quien más las damas sirve
tal merced deve esperar,
que de muerto o perdido
ninguno puede escapar.
—Tales palabras, mi tío,
no las puedo soportar.
Más quiero morir por ellas
que bevir sin las mirar,
quien a mí bien me quisiere
no me cure de llorar,
que no muero por traidor
nin por los dados jugar:
muero yo por mi señora,
que no me puede penar,
pues el yerro que yo fize
no fue mucho de culpar.

No tienen vado mis males

16 (115)

1) CME: sólo 3 voces

2) CMP: [1. Contra] tachado y 1 Contra escrito debajo. Se puede usar cualquiera de las dos versiones, pero no las dos simultáneamente.

3) CMP: falta silencio

17 (116)
Los sospiros no sosiegan

1) CMP : *texto incompleto*

18 (97)

Gasajémonos de huzia

CMP f. 101v-102

Gasajémonos de huzi-a, qu'el pe-sar viéne-
dé-le, dé-le despe-di-da,

se sin le bus-car

Gasajemos esta vi-da,

Quien pu-die-re ha des-cru-cie-mos del traba-jo.

Quien pu

ver ga - sa - jo,

die - re ha - ver ga - sa - jo,

del cor - do - jo se___ des pi - - -

del cor - do - jo se des-pi - -

da____;

da____;

¹⁾ CMP : Señal de repetición :ǁ: en vez de silencios

19 (98)
Ninguno cierre las puertas

1. Nin - gu - no cier - re las___ puer - tas, si a mor vi - nie-re a___ lla - mar, que no le ha de a - pro - ve - char.
4. el a - mor no re - sis - - ta - mos, na - die cier-re a su___ lla - mar,

2. Al a - mor o - be - dez - - ca - mos con muy pres vir -
3. Pues es de ne - ce - si - - dad, de fue - ca

Tiple
Ninguno cierre las puertas
el amor no resistamos

Tenor
Ninguno cierre las puertas
el amor no resistamos

2. Contra
Ninguno cierre las puertas
el amor no resistamos

Al amor obedezcamos
Pues es de necesidad

Al amor obedezcamos
Pues es de necesidad

Al amor obedezcamos
Pues es de necesidad

CMP f.102v-103

ta vo - lun - - tad,
tud ha - ga - - mos

20 (95)
Hoy comamos y bebamos

21 (33)

Si amor pone las escalas

CMP f.107v-108

1. Si a-mor po-ne las es-ca-las al mu-ro del co - - - ra - - - a pri-
4. o que no hie-ra o no ma-te al que no se da - - -

Tiple

1. Si a-mor po-ne las es-ca-las al mu-ro del co-ra - - -
4. o que no hie-ra o no ma-te al que no se da a pri - - -

1. Contra

1. Si a-mor po-ne las es-ca-las al mu-ro del co-ra -
4. o que no hie-ra o no ma-te al que no se da a pri -

2. Contra

1. Si a-mor po-ne las es-ca-las al mu-ro del co-ra -
4. o que no hie - ra o no ma-te al que no se da a pri -

cón, no hay nin - gu - na de - fen - sión. 2. Si a-mor quie-re dar com-
sión, 3. no hay fuer-ça ni for-ta -

cón, no hay nin - gu - na de - fen - sión 2. Si a-mor quie-re dar com-
sión, 3. no hay fuer-ça ni for-ta -

cón, no hay nin - gu - na de-fen - sión 2. Si a-mor quie-re dar com-
sión, 3. no hay fuer-ça ni for-ta -

cón, no hay nin - gu - na de - fen - sión 2. Si a-mor quie-re dar com-
sión, 3. no hay fuer-ça ni for-ta -

- - ba - te con su po-der y - fir-me - za - - ,
- le - za que no to-meo des-ba-ra - - te - - -

- ba - te con su po-der y fir - me - - za - ,
- le - za que no to meo des-ba - ra - - te - -

- - ba - te con su po - der y fir - me - za - ,
- - le - za que na to - meo des-ba - ra - te -

- - ba - - te con su po - der y - fir-me - - za - ,
- - le - - za que no to - meo des - ba-ra - - te - .

22 (117)
¿Si habrá en este baldrés...?

1) Segunda copla Véase el texto completo en la pág. 00.
2) CMP: sobra mi □ entre reo y mi ◊.

23 (118)

Vuestros amores he, señora

CMP f. 1oqv - 110

1. Vues-tros a-mo-res he, se - ño-ra; vues-tros a - -mo-res
5. que no con-sien-ten au - - sen-cia.

1. Contra
Vuestros amores he, señora
que no consienten

Tenor
Vuestros amores he, señora
que no consienten

2. Contra
Vuestros amores he, señora
que no consienten

he

5 Fin   D.C.

2. Des-d'el dí - a   que   mi - ra - ron
3. mis o - jos vues - tra   pre - sen - cia,
4. de tal for - ma   se   mu - da - ron;

Desd'el día que mi

Desd'el día
mis ojos
de tal for

Desd'el día
mis ojos
de tal for

1) CMP :   mi #

24 (81)
Levanta, Pascual

1. Le — — van-ta, Pas — — cual, le — van — — ta, a —
4. Va — — mos ver el ga — — sa — ja — — do d'a —

Tenor
Levanta, Pascual
Vamos ver el gasa

Contra
Levanta, Pascual
Vamos ver el gasa

ba — — lle — — mos a Gra — — na — da, que se sue — na
que — — lla — — ciu — dad nom — — bra — — da,

qu'es to — ma — da — a le — van — ta tos — te pri — a — do —
3. tu ça — ma — rra y ça — ma — rrón —

Levanta toste
tu çamarra

Levanta toste
tu çamarra

— , to — ma tu pe — rro y çu — — rrón — ,
— , tus al — bo — gues y ca — ya — — do — .

25 (119)

Partísteos, mis amores

CMP fılıv

1. Par - tís - tes - os, mis a - mo - res, y par - me
4. no mu - rió el con - ten - - ta - mien - to que me

Tenor
1. Par - tís - tes - os, mis a - mo - res, y par -
4. no mu - rió el con ten - - ta - mien - to que me

Contra
1. Par - tís - tes - os, mis a - mo - res, y par -
4. no mu - rió el con - ten - - ta - mien - to que me

tió mi pla - zer to - - do y mu - rió
dió la cau - sa que me per - dió.

tió mi pla - zer to - - do y mu - rió
dió la cau - sa que me per - dió.

tió mi pla - zer to - do y mu - rió
dió la cau - sa que me per - dió.

Fin

2. No par - tió mi pen - sa - mien - - to ,
3. e vi - no mi per - di - mien - - to ;

2. No par - tió mi pen - sa - mien - - to ,
3. e vi - no mi per - di - mien - - to ;

2. No par - tió mi pen - sa - mien - - to ,
3. e vi - no mi per - di - mien - - to ;

D.C.

26 (64)

Pues que mi triste penar

1) CMP: fa superior negra, fa inferior blanca.

27 (120)
Congoxa más que cruel

1) CMP: *do negra* *fa blanca*

28 (121)
Caldero y llave, madona

1) CMP : faltan silencios

2) CMP : falta señal de repetición

29 (122)

Pues que ya nunca nos veis

CMP f. 155v

1. Pues que ya nun - ca nos veis, no sé por qué
4. ¿En tan po - co nos te - néis?

1. Contra
Pues que ya nunca
En tan poco

Tenor
Pues que ya nunca
En tan poco

2. Contra
Pues que ya
En tan poco

Fin

lo ha - zéis.
2. Vues - tro ol - vi - do ha si - do tan - to,
3. que es co - sa d'es - pan - to.

Vuestro olvido
que es cosa

Vuestro olvido
que es cosa

Vuestro olvido
qu'es cosa

D.C.

30 (44)
El que rige y el regido

CMP f. 197v-198

1. El que ri-ge y el re-gi-do sin sa - ber,
4. Qu'el re - gi-do y el re-gien -te

Tenor
El que rige y el regido
Qu'el regido

Contra
El que rige
Qu'el regido

mal re - gi-do pue - - de ser___. 2. Mal ri - ge quien
3. Y el per - fee - to

Mal rige
Y el perfecto

Mal rige
Y el perfecto

no es pru-den - - - te, por - que to - do va al re -
re - gir es___ sa - ber man - - dar sa - bia - -

- - - vés___.
men - - te___.

31 (70)
Paguen mis ojos

CMP f.198v

1. Pa - guen mis o - jos, pues vie - ron
4. mi que - rer y li - ber - tad

Tenor
Paguen mis ojos
mi querer y libertad

Contra
Paguen
mi querer

a quien más que a sí qui - sie - ron 2. Vie - ron
ca - ti - va - ron y pren - die - ron 3. que de

Fin

Vieron
que de grado

Vieron
que de grado

u - na tal bel - dad 15
gra - do y vo - lun - tad

D.C.

32 (85)

Pedro, y bien te quiero

CMP f.199

1. Pe - dro y bien te quie - ro, ma - gue - ra va - -
4. que m'has e-na- mo - -ra - do, y d'a - mo - res

Tenor
Pedro y bien te quiero
que m'has enamorado

Contra
Pedro y bien te
que m'has ena

Fin

que - ro. 2. Has tan bien bai - -la - do,
mue - ro 3. co - rri -do y lu - cha - do,

D.C.

Has tan bien
corrido y

Has tan bien
corrido y

33 (83)

Daca, bailemos, carillo

CMP f.201v-202

Da - ca, bai - le - mos, ca - ri - llo, al son de tu
que se - me - jes del pa - la - cio, aun - que se - as

Tenor
Daca bailemos
que semejes

Contra
Daca bailemos
que semejes

Fin.

ca - ra - mi - llo,   2 O - ra que te va - ga spa - cio sal - ta,
pas - tor - ci - llo,   3 ya - bu - rre la ça - pa - te - ta y nom -

Ora que te
y aburre la

Ora
y abu

D.C.

sal - ta sin fal - se - ta,
bra tu ge - ne - ra - cio,

1) CMP : . sol □ escrito dos veces   2) CMP : □   3) CMP : falta

4) CMP : ꝗ

34 (82)

Nuevas te traigo, carillo

CMP f.200v-201

1. Nue - vas te trai - go, ca - ri - llo, de tu
4. He gran cor - do - jo y man - zi - lla

1. Contra
Nuevas te traigo
He gran cordojo

Tenor
Nuevas te traigo
He gran cordojo

2. Contra
Nuevas te traigo
He gran cordojo

mal. Dí - me - las a - go - ra, Pas - cual.
por - qu'e - res tan buen za - gal.

2. Sá - be -
3. se des -

Sábete
se desposo

Sábete
se desposó

Sábete
se despo

te que Bar - to - li - lla, la hi - ja de Ma - ri -
po - só di do - min - go con un za - gal de la

min - - go
vi - - lla

35(86)
¿Quién te traxo, cavallero?

CMP f202v-203
CME f 85v-86

1. ¿Quién te tra-xo ca-va-lle-ro-, a-ques-
4. Yo cui-dé qu'e- ras Bar-to-lo-, un pas-

Tenor
Quién te traxo
Yo cuidé

Contra
Quién te traxo
Yo cuidé

ta— mon- ta- - ñas es-cu- - - - ra? ¡Ay—, pastor— d'Es- tre- ma- du- - - ra c'a- - pris-

tor, que mi ven- tu- - ra! 2¡ Jur' al cuer-po
ca en a- que-lla al- tu- - ra 3¿ Quién t'a- rri- bó

Fin

Jur'al cuerpo de San Polo
Quien t'arribó

Jur'al cuerpo
Quien t'arribó

de San Po- - lo qu'es-toy as- ma- - do de ti— !
por a- quí tan la- gri-mo-so y tan so- - lo— ?

D.C

1) Seguimos la versión del CME   CMP: falta bemol   2) Versión del CME   CMP: ■ ■ ♦ ♦
3) Seguimos la versión del CME   CMP: si fa   4) Versión del CME   CMP: do   5) CMP: sobra mi □ antes de la nota final.

36 (84)
Un amiga tengo hermano

CMP f. 203v-204v
CME f. 84v - 85

Tenor

Un amiga tengo
No puede ser

Contra

Un amiga tengo
No puede ser

1. Un a-mi-ga ten-go her-ma-no,
4. No pue-de ser en-tre mil

ga-la-na y de gran va-lí-a. ¡Jur'a diez, más
o-tra de más ga-la-ní-a.

es la mí-a! 2 Jú-ro-te por a San
3 a-ho-tas que no di-

Júrote por a San Gil
ahotas que no

Júrote por a San Gil
ahotas que no dixeses

Gil que sí tú la co-no-cie-sses,
xe-ses ha ver o-tra más gen-til.

1) Versión del CME   CMP : □ ◇   2) CME : ♩   CMP : □ ◇

3) CMP, CME : faltan silencios   4) Versión del CME   CMP : ♩

37 (67)

Ya cerradas son las puertas

CMP f.205v -206

Tenor

Contra

1. Ya ce — rra — das son las puer — tas de mi vi —
4. Son las puer — tas ya ce — rra — das

Ya cerradas son
Son las puertas

Ya cerradas son
Son las puertas

da, y la lla — ve es ya per — di — — — da

2. Tié — ne — las tan bien ce — — rra — das el por —
3. no tie — ne nin — gún te — mor que de

Tiénelas tan bien
no tiene

Tiénelas tan bien
no tiene

te — ro de a — mor
mí se — an que — — bra — das

38 (88)
Ay triste, que vengo

CMP f. 207v-208

1. ¡Ay tris-te, que ven-go ven-ci-do d'a-mor, ma-gue-ra pas-
4. que ven-go cui- ta-do,

Tenor

Ay triste, que vengo
que vengo cuitado

Contra

Ay triste que vengo
que vengo cuitado

Fin

-tor___.   2. Más sa-no me fue-ra no ir al mer-ca-do,
3. que no que vi- nie-ra tan a-que-ren-cia-do,

Más sano me
que no que vinie

Más sano me
que no que viniera

33 bis   CMS f. 213 v

1. ¡Ay tris--te que ven-go ven-ci-do d'a-mor,
4. [que ven-go cui- ta-do]

Ay triste que vengo.

Ay triste que vengo

Fin

ma-gue-ra pas-tor___.   2. Más sa-no me fue-ra no ir al mer-ca-do,
3. [que no que vi- nie-ra tan a-que-ren-cia-do,]

Más sano me fuera

Más sano me fuera

1) CMP : todas las voces q   2) CMS : texto incompleto

39 (48)

Más vale trocar

CMP faoqv-210

1. Más va-le tro-car pla-zer por do-lo-res ques - - tar sin a - -
4. Me-jo-res su-frir pa-sión y do-lo-res

1. Contra
Más vale trocar
Mejor es sufrir

Tenor
Más vale trocar
Mejor es sufrir

2. Contra
Más vale trocar
Mejor es sufrir

mo - - - res

2. Don-des-gra-de - ci-do es dul-ce el mo -
3. bi-vir en ol - vi-do a-quél noes bi-

Dond'es gradecido
bivir en olvido

Dond'es gradecido
bivir en olvido

Dond'es gradecido
bivir en olvido

rir ;
vir

1) CMP ; falta nota

40 (89)
Ya no quiero ser vaquero

1) __CMP__ : se da el texto completo sólo en la voz superior   __CMS__ : se da el texto completo (menos la vuelta) bajo cada voz.

2) __CMP__ : la negra __re__ blanca

41 (123)
Quédate, carillo, adiós

CMP f. 212v-218

1. Qué-da-te, ca-ri-llo a-diós. ¿Dó quie-res, Juan,
4. Sá-be-te que ya no quiero Por es-ta sie-

Do' quie-res, Juan,

Quédate
Sábete

Quédate
Sábete

a-ba-llar? A Es-tre-----mo
rra mo-rar?

a-ba-llar? A Es-tre-----mo

A Estremo

quiero pa-sar. 2.Qué-da-te, a---diós com-pa--rro,
3.no di-gas que---me par---tí

quiero [pa-sar.] Quédate
no digas

Quédate
no digas

Quédate
no digas

Fin

ya me des – pi - do de ti ____ ;
sin sa – - lu - - - dar - te pri - - - mero ____ .

42 (60)

Pues no te duele mi muerte

1) CMP: ▫ ▫

pan   que   ten-go____   ra - zón de____   que - xar - me,
de   ti   ven-cer____   me de - xo, dán - do - te   mi

que tengo

que tengo razón

que tengo

si____   me____   que - ____ - xo con____,
co - ____ - ____   ra - ____ - ____ - zón____,

43 (59)

Dezidme, pues sospirastes

CMP f.214v-215

1. De - zid - - - me, pues sos-pi - ras - - - tes, ca - va -
4. Quien _____ yo quie-ro que me quie - - ra, vos, se -

Tenor

Dezidme, pues sos pirastes
Quien yo quiero

Contra

Dezidme, pues
Quien yo quiero

lle - ro, que _____ go - zéis, ¿quién es la que más que - réis?
ño - ra, lo _____ sa - béis, y más no me pre - gun - téis.

2. Lás - ti - ma tan las - ti - me - ra, ¿pa - ra qué la pre - gun -
3. pues que sa - béis que me _____ dais ma - yor mal por que más mue -

Lástima
pues que

Lástima
pues que

- - téis?
ra?

DC

44 (87)
Ya soy desposado

CMP f2isv-217

1. Ya soy des-po - sa-do, nues - tr'a-mo; ya soy des-po-
4. con la que me pe - na,

Tenor
Ya soy desposado
con la que me

Contra
Ya soy desposado
con la que me

Fin   DC.

sa-do.

2. Di - me, di-me, Min-go, de tu buen es-tre - na.
3. Mie fe a-yer do - min-go, Dios e - no-, ra bue - na.

Dime, dime
Mie fe, ayer

Dime, dime
Mie fe, ayer

45 (124)

Antonilla es desposada

1) CMP: *muedo*

46 (56)
Hermitaño quiero ser

CMP f218v-219

1. Her - mi - ta - ño quie - ro ser, por ver. Er - mi - ta - ño
4. No mu - da - ré mi que - rer.

Hermitaño quiero ser
No mudaré mi

Hermitaño quiero ser
1) [No mudaré mi]

Hermitaño quiero ser
No mudaré mi

quie-ro ser

Fin

2. Por pro - var nue - va ma - ne - ra
3. por-qu'en el tra - je de fue - ra

Por provar
porque en el

Por pro
porqu'en el

Por provar
porqu'en el

mu - dar quie - ro mi ves - tir,
des - co - noz - can mi ve - vir

D.C.

1) CMP: porqu'en el

47 (51)
Razón, que fuerça

CMP f. 219v-220

1. Ra - zón, que fuer - ça no quie - re, me -
4. Vues - tro gran me - re - ci - mien - to

1. Contra
Razón que fuerça no
Vuestro gran merecimiento

Tenor
Razón que fuerça
Vuestra gran

2. Contra
Razón que fuerça
Vuestro gran

for - çó a ser vues - tro co - mo

Fin
só.
2. Ra - zón me fuer - ça ser - vi - ros
3. Pa - ra mer - ce - d(es) per - di - ros

Razón me
Para merced

Razón
Para

Razón
Para

48 (125)

Ya no spero qu'en mi vida

CMP f. 220 v - 221

1. Ya no spe-ro qu'en mi vi - da me ve-
4. Y a - go-ra an - sí de - xar - me por el

ré re-go - zi - ja - do, pues Men - ga se ha des-po-sa -
nue-vo des - po - sa - do se dob - la más mi cui-da -

Fin

do. 2. Pleg'a Dios que la que - rí - a
do 3. qu'el dí - a que no la - ví - a

con hu - zia de no mu - dar - me,
no po - dí - a que-llo - trar - me.

Tenor

Ya no spero qu'en mi vida
Y agora

Pleg'a Dios
qu'el día

Contra

Ya no spero qu'en mi vida
Y agora

Pleg'a Dios
qu'el día

49 (104)
A tal pérdida tan triste

A tal pér - di - da — tan — tris - te

1.Contra — A tal pérdida

Tenor — A tal pérdida

2.Contra — A tal pérdida

bus - car - le con - so - la — ción, cla - ro_es - tá qu'es tra -

— — i - ción —

JUAN DEL ENCINA

50 (126)

Servíros y bien amaros

CMP f.232v-233

1. Ser - vír - os y bien a - ma - ros
4. A - sí que con gran ra - zón

Tenor
Servíros y bien amaros
Así que con gran razón

Contra
Servíros y bien amaros
Así que con gran razón

es - glo - ria tan sin - gu - lar,
os - de - ven ser - vir y a - mar,

que no hay más que de - se -

Fin

ar.
2. Gen - ti - le - za y per - mo -
3. es - tán en vues - tra her - mo -

Gentileza
están en vuestra

Gentileza
están en vuestra

fi - - -ción, dis - cre - ción, se - - so - - das y cor - - du - -
su - - ra más que con to - - das cuan - - tas

- - - ra son

51 (127)

Para verme con ventura

ta   tan - to____ la   pe - - - na___,
de   su - frir____ ca - de - - na___.

JUAN DEL ENCINA

52 (128)
Romerico, tú que vienes

1. Ro-me-ri-co, tú que vie-nes don-de mi vi-da es-
4. que después de mi par-ti-da de mal en pe-or me

Tenor

1. Ro-me-ri-co, tú que vie-nes don-de mi vi-da es-
4. que después de mi par-ti-da de mal en pe-or me

Contra

1. Ro-me-ri-co, tú que vie-nes don-de mi vi-da es-
4. que después de mi par-ti-da de mal en pe-or me

tá, las nue-vas d'e - - lla me da 2.Da-me nueva. 3.Si tú me

tá, Las nue-vas d'e - - lla me da 2.Da me nue-vas
Va. 3.Si tú me

tá, Las nue-vas d'e - - lla me da 2.Da-me nueva. 3.Si tú me

vas de mi vi-da, ¡A-sí Dios te dé pla-zer
quie-res ha-zer a-le-gre con tu ve-ni-da,

de mi vi-da, ¡A-sí Dios te dé pla-zer
quie-res ha-zer a-le-gre tu con tu ve-ni-da

vas de mi vi-da, ¡A-sy Dios [te dé pla-zer]
quie-res ha-zer a-le-gre tu ve-ni-da,

53 (129)

El que tal Señora tiene

CMP f261v-262

1. El que tal Se - ño - ra tie - - - ne co - - mo
4. A quien vos tie - ne ser - vi - - da,

Tenor: El que tal Señora

Contra: El que tal Señora

vos por a - bo - ga - - - - - - - - -

da, no le pue - de fal - tar

na - - - - da

Fin

2. Que por pe - que - ños ser -
3. dais in - men - sos be - ne -

Que por pequeños servicios

Que por pequeños servicios

vi - - - cios dais mer - - ce - des sin
fi - - - cios, re - me - dian - do nues -

— me - di - - - da
— tra vi - - - da

1) CMP : re

54 (40)

¿A quién devo yo llamar?

CMP f.266v-267

1.¿A quién de-vo yo lla-mar vi-da mí-
4. Nun-ca me ve-rán de-zir

Tenor
A quien devo yo llamar
Nunca me verán

Contra
A quien devo yo llamar
Nunca me verán

a, si-no a ti, Vir-gen Ma-rí-a. 2.To-dos
3.que siem-

Todos te
que siempre

Todos te
que siempre

te de-ven ser-vír, Vír-gen y Ma-dre de
pre rue-gas por nos, y tú nos ha-zes be-

Dios,
vir

D.C.

55 (54)
Ya no quiero tener fe

CMP f267v-268
CMS f.212v

Ya no quie-ro te-_-ner___ fe, Se-ño-
ya to-dos nos re-di-_-_-_-mió y lle-

Tenor
Ya no quiero tener fe
y a todos

Contra
Ya no quiero tener fe
y a todos

ra, si-no__ con vos, pues que sois Ma-dre de__ Dios__
vó con-si-_-go_a vos, ben-di-ta Ma-dre de__ Dios__

Vos sois hi-ja y vos sois ma-_-_-_-dre d'A-quél mes-mo__
Él es vues-tro hi-jo y pa-_-_-_-dre y por ma-dre

Vos sois hija
Él es vuestro

Vos sois hija
Él es vuestro

RC.
_ qu'os cri-_-_-_-ó__
_ a vos nos___ dió__

56 (42)
¡O Reyes Magos benditos

1. ¡O Reyes Magos ben—di—tos!
4. Por—que por vo—so—tros ha—yan

Tenor
O Reyes Magos benditos
Porque

Contra
O Reyes Magos benditos
Porque

Pues de Dios sois tan a—ma—dos, sed mi guarda
gran per—dón de mis pe—ca—dos,

y a—bo—ga—dos. 2 Sed mi guar—da
3 y a—bo—ga—dos

Sed mi guarda
y abogados

Sed mi guarda
y abogados

en es—te sue—lo por—qu'en sus la—zos no ca—
en el cie—lo por—que_a ve—ros a—llá va—

1) CMP: la negra re blanca

57 (130)
Fata la parte

58 (131)

Tan buen ganadico

1. Tan buen ga - na - di - co, y más en tal va - lle, pla
4. Y en bue - ra ver - du - ra,

1. Contra

Tan buen ganadico
Y en buena

Tenor

Tan buen ganadico
Y en buena

2. Contra

Tan buen ganadico
Y en buena

zer es guar - da - lle.

2. Ga - na - do d'al - tu - ra y más de tal ma - la pas-
3. muy pres - to se gas - ta 'en

Gana
muy pres

Gana
muy pres

Ganado
muy presto

cas - ta,
tu - ra.

1) Fl : todas las voces 5 2.
2) Fl en todas las voces   CMP : todas las voces 9

59 (132)
Pelayo, ten buen esfuerço

CMP f.280v-281
CMB f.180 bis

1. Pe - la -yo, ten buen es - - fuer - ço, no
4. Por tu re - me - dio pro - - cu - ra,

Tenor
Pelayo
Por tu

Contra
Pelayo
Por tu

ten - gas hu - bia - per - di - da, que tu mal ha - brá gua -

ri - - da 2.Pon es - fuer - ço a 'tu tris - tu - - -
3.qu'el es - fuer - ço de - no - da - - -

Fin

Pon es

- ra, no hui - gas del ga - sa - ja - - - do
- do que - bran - ta ma - la ven - tu - - ra

D.C.

1) CMP: 𝄐

60 (133)

Rebelóse mi cuidado

CMP f. 285v-286

1. Re - be - ló - se mi cui - da - do contra mí; nun-ca
4. y bus - car mal con - go - xo - so pa - ra mí.

Tenor   Rebelóse mi cuidado contra mí

Contra   Rebelóse mi cuidado

tal____ tra - i - ción yo____ vi____. Fin

2. Mi____ cui-
3. pa - re -

da - do, de - se - o - so de se - guir____ que - rer a -
ció-le, qu'e - ra bue - no qui - tar - me de____ mí re -

je - - no____, D.C.
po - - so____.

61 (134)

Todos los bienes del mundo

1. To - dos los bie - nes del mun - do pa - san pres - toy su me - mo - ria,
4. To - dos son bie - nes for - tu - nas y de muy po - ca me - mo - ria,

Sal - vo la fa - ma y la glo - ria. 2. El tiempo lle - va los u - nos, 3. y al ca - bo vie - ne la muer - te,

a o - tros for - tu - na y suer - te, que no nos de - xa nin - gu - nos.

APÉNDICE MUSICAL

I
No se puede llamar fe

CMP f. 34

Tiple:
No se pue-de llamar fe la qu'en o-bras
vos sois la que me ma - táis; yo de vos me

Tenor:
No se pue-de lla - mar fe la qu'en o-bras
vos sois la que me ma - táis; yo de vos me

Contra:
No se pue-de lla-mar fe la qu'en o-bras
vos sois la que me ma - táis; yo de vos me

Fin
no lo fue.
que-xa - ré.

Aun - que mu-cho me que - ráis,
pues que no me re - me - déis,

D.C.

Remediá, señora mía

1) CMP: falta esta sección. Damos una reconstrucción nuestra.
2) CMP: re do
3) CMP: re

II (bis)
Remediá, señora mía
Alio modo

1. Re - me - diá, se - ño - ra mí - - - a,
¡O cru - el re - me - dia - do - - - ra!

pues po - dé - - - is.
¿No que - ré - - is?

Se - ñor, no me_ lo man - déis_

2. El - re - me - dio de mi - vi - da, de
3. Pues, se - ñor te - - ned_ per - di - da es -

vos l'es - pe - - ro, se - ño - - ra.
pe - ran - ça_, por a - - go - ra_.

Tenor
Remediá, señora mía
O cruel reme

Contra
Remediá, señora mía

El remedio de mi vida
Pues, señor

El remedio
Pues, señor

1) CMP: S. (que interpretamos como señal de finales ouvert y clos).

III
O castillo de Montanges

sión, yo la su - ya— más que mí - - a
a me da más— con - so - - la - - ción

IV

No quiero tener querer

1) CMP: falta el resto del verso
2) CMP: 9

Pues amas, 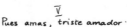 triste amador

1) CMP: sol superior negra, sol inferior blanca

VI

Pues que tú, Reina del cielo

de Nuestra Señora

1. Pues que tú, Rei-na del cie-lo, tan-to va-les
5. pues pa - ra qui-tar el mal,
—, dad re - me - dio a nues-tros ma - les.

2. Tú, que rei-nas con el Rey d'a-quel rei - no ce - les-tial,
3. tú, lum-bre de nuestra ley, lus del li - na - je 4. hu - ma - nal [hu - ma - nal]

1) CMP: una nota, que hay que dividir para ajustarla al texto.

VII
Gran gasajo siento yo

1) CMS: Incipit sólo en todas las voces. Tomamos el texto completo de la Égloga 2.

2) CMS: Silencios adicionales ♩♩

3) CMS: do ◊ I. Sugerimos una alternativa para completar la armonía.

VIII
Por muy dichoso se tenga

CMS f213v

1) [Por muy di — cho — — so se ten — ga
pues que con la — cau — sa — — do — ra,

t[enor] Por muy dichoso

Por muy dichoso

quien por vos su — fre pa — sión, pues es har — to el ga — lar —
bien a — bas — ta la — pa — sión]

dón — . Sien — do vos la cau — sa — do — ra de — la
[¿qué ma — yor vi — to — ria es — pe — ro que — mo —

Siendo vos

Siendo vos

muer — te que — yo mue — — ro — ,
rir por tal se — ño — — ra — ?]

D.C.

1) CMS : El texto en paréntesis está escrito al margen de la música.

IX
Non quiero que me consienta

Frott. f. 43v-44

Non 2) quie - ro que me con - sien - ta
1) [pues vues - tro me - re - ci - mien - to

Altus
Non quiero

Tenor
Non quiero

Bassus
Non quiero

mi tris - te vi - - da vi - vir
no me con - sien - - te bi - vir

ni yo que - ro con sen - - tir. Pues que vos que
que ve - ros sin

Fin

1) Frott: Falta el texto de la vuelta.

2) Frott: quiera

3) Frott: ◊

réis ma-tar - - - me yo, se - ño - ra soy con - ten - -
re - - me - di - ar - - me se - rá 4) do - bla - do tor - men - -

to - - - ,
to - - - ,

4) Frott doblato totmientes

ÍNDICE MUSICAL

Abreviaturas: M + T: Encina escribió la música y el texto;
M: sólo la música se le atribuye a Encina en el *CMP*;
T: texto de Encina con música anónima.

Se terminó de imprimir en los
talleres valencianos de
Artes Gráficas Soler, S. A.,
el día 24 de mayo de 1975

TÍTULOS PUBLICADOS

58 /
LA VIDA DE LAZARILLO DE TORMES Y DE SUS FORTUNAS Y ADVERSIDADES
Edición, introducción y notas de Alberto Blecua.

59 / Azorín
LOS PUEBLOS. LA ANDALUCÍA TRÁGICA, Y OTROS ARTÍCULOS (1904-1905)
Edición, introducción y notas de José María Valverde.

60 / Francisco de Quevedo
POEMAS ESCOGIDOS
Edición, introducción y notas de José Manuel Blecua.

61 / Alfonso Sastre
ESCUADRA HACIA LA MUERTE. LA MORDAZA
Edición, introducción y notas de Farris Anderson.

62 / Juan del Encina
POESÍA LÍRICA Y CANCIONERO MUSICAL
Edición, introducción y notas de R. O. Jones y Carolyn R. Lee.